자녀와 함께 성장하는 부모

최인숙 지음

교육과학사

♣ 맞이하는 글

부모는 자녀가 성장함에 따라서 영아기, 유아기, 아동기, 청소년기, 청년기, 성인기 등 각 단계마다 부모의 역할이 다름을 알고 그에 적합한 역할을 하려고 노력하며 변화하다 보면 부모도 성장해감을 느끼게 됩니다. 아이들이 성장하여 단계를 넘어갈 때마다 늘 엄마의 역할은 새로웠고 공부하는 마음으로 마음 한쪽은 비우고 다른 한쪽은 수정하고 보완하여 새롭게 만들어가는 일이 요구되었습니다. 부모역할은 간단치도 않고, 쉬운 일도 아닙니다. 늘 도를 닦는 마음이었습니다.

저는 딸과 아들 두 아이를 키우면서 30년 이상을 대학과 일반 교육현장에서 부모교육을 강의해 온 엄마입니다. 성이 다른 딸과 아들을 키우다 보니 개성도 성향도 다르기 때문에 한 부모의 자녀이지만 개인에 따라 양육 방법이 다르다는 것도 느꼈습니다.

개인적으로 자아실현을 잘하여 성공한 인물보다 자녀를 훌륭하게 키워낸 부모들을 보면 겸손하게 다가가서 존경을 표하고 '어떻게 키우셨어요?' 하며 한 수 배우고 싶어 하는 엄마입니다.

딸아이 고등학생일 때 어느 날 "엄마, 어쩌면 그렇게 우리를 잘 키워주세요? 저도 나중에 우리 아이를 키울 때 엄마처럼 하고 싶으니 아이를 잘 키우는 방법을 책으로 써서 주세요?"라고 말하기에 "그렇게 말해주니 고마워. 그런데 엄마가 그런 책을 쓰지 않아도 엄마가 너에게 했던 방법들이 너의 눈 속에, 머릿속에, 입 속에, 이 가슴 속에 다 들어있어. 넌 잘 할 수 있을 거야."라고 응대하니 딸은 "맞아요."라고 인정한 일이 있습니다. 그로부터 약 16년 후에 제가 알고 실천하며 엄마로서 행동했던 방법들 중 일부를 글로 엮어내니 새삼스럽게 숙제를 한 듯 매우 기쁘군요.

부모역할은 자녀의 발달과 부모의 발달에 모두 중요하며 공동의 행복을 지향한다고 생각하고, 제1부는 '성장하는 자녀', 제2부는 '성장하는 부모'로 나누어서 집필하였고 제3부에서는 인간으로서 한계를 느끼며 깨달았던 '성장에 힘이 되는 믿음'을 첨부하여 크게 세 부분으로 책을 구성하였습니다. 제1, 2부는 자녀양육에 대한 에세이와 엄마로서 살아온 삶의 모습 그리고 아직도 노력하고 있는 이슈들로서 대부분 약 3년 동안 '전라매일'에 칼럼으로 소개했던 원고들입니다.

또한 혹시 모를 지루함을 덜기 위하여 그동안 틈틈이 힐링하고 행복해하며 그렸던 그림들을 '쉬어가는 자리'에 동시와 함께 소개하였습니다. 이 그림들은 한국화 화가 동아리인 '우화회'에서 개최한 가을 전시회에 매년 두 편씩 출품했던 작품들 중 일부입니다.

저는 부모가 된다는 것은 인생에서 최고의 선물을 받은 축복이라고 믿는 사람입니다. 부모의 역할은 자녀들이 어떤 사람이 될 수 있는지에 무엇보다 크게 영향을 준다는 것도 믿고 있습니다. 많은 부모들과 예비부모들이 저의 메시지에 귀를 기울여서 귀한 자녀들을 행복하게 키우는 일에 조금이나마 도움이 되기를 바랍니다. 이 땅에 스스로 행복하다 하고 사회와 국가에 기쁘게 공헌하는 부모와 자녀들이 넘쳐나기를 기원합니다.

최인숙 드림

♣ 감사의 글

내 인생에서 함께 걸으며 기쁨과 위안과 용기를 주시고, 곁에 있음 자체만으로도 긍정의 에너지를 채워주시는 분들께 이 지면을 빌려서 머리 숙여 감사의 인사를 드립니다. 이 책이 세상에 얼굴을 드러낼 수 있도록 따스한 온기로 향을 내며 동행해주셔서 감사합니다.

♤ 시인 박지연 은사님, 늘 제 편에서 행복 멘토처럼 무조건 주시는 사랑으로 용기를 얻어 글을 쓰곤 했습니다. 감사합니다.

♤ 화실에서 오랜 기간을 친구처럼 함께 오순도순 세상사는 얘기 나누며 그림 그리는 시간을 참 행복하게 해주시고 친절하게 급소를 잘 가르쳐주시는 정이순 화가 선생님 감사합니다.

♤ 점잖은 선비처럼 말씀은 적어도 늘 진국을 느끼게 해주시는 전라매일 진철우 편집국장님 감사합니다. 때론 이런 원고를 보내도 되는지 위축이 되곤 할 때마다 칭찬해주셔서 큰 힘이 되었습니다.

♤ 삶의 의미를 늘 긍정에서 찾도록 에너지를 주고 그대들의 엄마여서 행복함을 맘껏 누리게 해준 사랑하는 딸 김혜령, 아들 김지훈에게 무한 감사함을 전합니다.

♤ 아동의 발달을 재정리할 기회가 되고, 보고 있어도 또 보고 싶은 사랑스런 손녀 가뉴를 안겨주었고, 혜령을 넓은 아량으로 따뜻하게 사랑해주는 사위 김종범 박사에게도 감사합니다.

♤ 선하디 선하고 착하디 착한 남편 김찬수 박사님, 항상 끝도 없는 배려로 감동 주시지요. 인생을 함께 살아가고 있음에 감사합니다.

♤ 출판을 허락해주신 한정주 사장님, 편집을 멋지게 해주신 이정호 실장님 감사합니다.

위의 모든 분들에게 주님께서 축복하시어 세상의 모든 악에서 구하시고 한평생 내내 평화롭기를 기원합니다.

차례

제1부 성장하는 자녀

아키텍키즈

'아키텍키즈(Architec Kids)'라는 새로운 신조어가 육아 트렌드로 떠오르고 있다.

2016년 소비트렌드를 분석한 '트렌드 코리아 2016'이라는 책에서 제시한 새로운 육아 키워드이다.

아키텍키즈는 건축(Architecture)과 키즈(Kids)의 합성어로 임신부터 태교, 육아를 계획하여 체계적으로 하나씩 공들여 키운 아이를 말한다. 마치 부모가 고층 건물을 짓는 설계사가 되어 부모의 계획에 따라 설계된 도면을 바탕으로 단계별 공정에 주의를 기울여 보다 체계적이고 과학적으로 자녀를 교육하면 계획한 인간이 될 수 있다고 보는 것이다. 체계적인 교육을 받고 한 단계씩 올라서 학력과 직업, 결혼까지 성취를 경험한 세대의 젊은 엄마, 아빠들은 육아도 같은 맥락에서 접근하면 성공할 수 있다고 믿는 모양이다.

특히 '아키텍키즈'를 이끌어가는 젊은 엄마들은 몇 가지 공통된 특징을 가지고 있다.

첫째, 높은 교육수준, 사회경력 그리고 첨단지식으로 무장되어 있다.

둘째, 육아에 대한 정답을 찾기 위해서 출산, 육아 카페 등의 인터넷, SNS를 통해 정보를 공유하며 남들이 좋다고 하는 물건, 남들이 제안하는 육아방식을 경쟁적으로 따른다.

셋째, 자신이 학업과 직장에서 성취할 때의 열정이 전이된 것처럼 육아에 대한 열정이 크다.

넷째, 자기주도성이 강하다.

젊은 부모들이 육아에 대하여 높은 관심을 갖는다는 것은 매우 바람직하나 '아키텍키즈'의 내용 면에서는 몇 가지 걱정되는 부분이 있다.

한 인간을 길러내는 일은 고층 건물을 짓는 일과는 근본적으로 다르다. 아무리 학력이 높고 똑똑한 부모가 계획을 치밀하게 잘 세워도 그대로 되기는 쉽지 않다. 인간과 건물의 생성과정이 근본적으로 다르기 때문이다.

부모의 열정이 지나쳐서 집착이 되어 부모의 주도성과 자녀의 주도성이 충돌할 때 힘 있는 부모가 주도적으로 자녀를 이끌면 심각한 부작용이 따를 수 있다.

자녀의 잠재력이나 특성을 보지 못하고 남들이 좋다고 하는 물건, 사교육, 육아방식을 무조건적으로 쫓아갔다가 생기는 부작용을 감당해야 한다.

자녀에게 모든 열정을 쏟아부어 자녀의 성공이 마치 부모의 성공인 양 부모 뜻대로 되지 않으면 크게 좌절하고, 잘되었을 때는 부모의 공헌에 대하여 보상받고 싶은 욕구가 생기는 일도 걱정되는 부분이다.

그렇다면 효율적으로 '아키텍키즈'를 활용하는 방법은 무엇일까?

임신 이전부터 전략적으로 건강관리를 하여 임신이 되도록 하고 태교를 거쳐 아이를 낳는 데까지는 체계적인 전략을 잘 세워서 실천하면 '체계적인 육아법'의 기초단계로서 크게 효과가 있을 것이다.

그러나 아이가 태어난 이후부터는 유연한 육아전략이 요구된다.

먼저 어떤 인물로 길러내고 싶은지 숙고할 필요가 있다.

'일에서 성공하는 사람을 만들고 싶은가?', '생활 속에서 행복을 느끼고 만족할 줄 아는 사람을 만들고 싶은가?', 아니면 '아이가 잠재력을 충분히 길러서 최대로 활용하여 개인적으로 행복하고 사회적으로 공헌하는 인물을 만들고 싶은가?' 이 셋은 분명히 똑같은 육아법을 적용할 수 없기 때문이다.

부모는 영아기, 유아기, 아동기, 청소년기 등에 따라서 단계에 맞는 유아법을 적용해야 한다.

가장 중요한 것은 민주적인 양육방법을 중심으로 전략을 세워야 한다는 것이다. 자녀를 한 인격체로 인정하고 존중하는 것이 기본이다.

그러기 위해서 부모는 자녀에 대하여 설계한 형상(인물)을 고지식하게 만들어가는 것이 아니라 설계도를 수정 · 보완해 가며 자녀가 자신이 좋아하는 것, 하고 싶은 것을 찾아내도록 안내하고 도와주어야 한다. 단순히 인터넷 정보로 접근하기보다는 아이를 세심하게 관찰하여 이해하고 자녀와의 대화방법, 칭찬하고 격려하는 방법, 훈육하는 방법, 자신감을 길러주는 방법, 책임감을 길러주는 방법, 환경을 조성해주는 방법 등을 공부하는 것이 육아에 대한 더 근본적인 해결방법이다.

또한 부모의 생활태도와 습관에 대한 반성적 사고전략이 요구된다.

단순히 양육에 대하여 체계적인 전략 세우기에만 치중할 것이 아니라 부모의 말과 행동을 점검해 볼 필요가 있다. 자녀는 부모의 말과 행동을 그대로 보고 배워서 그만한 인물이 되기 때문이다.

부모가 자녀의 모델이 될 수 있도록 부모의 말과 행동도 '체계적인 육아법' 속에 포함되어야 한다는 것이다.

유아들의 문제행동

새 학기가 시작되고서 3, 4월은 각 유치원이나 어린이집마다 유아들이 새로운 친구, 교사, 원의 환경에 적응하느라 힘든 진통을 겪는다.

쉽게 적응하여 즐겁게 다니는 아이가 대부분이지만 일부 아이는 문제행동을 보이곤 한다. 교사를 힘들게 하는 유아들의 문제행동 유형에는 분리불안으로 등원을 거부하는 아이, 교실에서 놀잇감을 독차지하려고 친구들과 싸우는 아이, 활동에 집중하지 못하고 여기저기 돌아다니며 산만하게 행동하는 아이, 평소 먹어보지 않은 음식은 무조건 안 먹으려 하는 아이, 교사 옆에만 붙어 있으려고 하는 아이, 거짓말로 자신의 잘못을 합리화하는 아이, 손가락을 빠는 아이, 음경을 주물거리는 아이, 유치원에서 즐겁게 활동을 잘 하면서 엄마에게 조건을 걸어 거래하는 아이(~~해주면 유치원 갈 거야. ~~안 하게 해주면 유치원 갈 거야 등), 친구를 괴롭히는 행동을 보고 교사가 부르면 못 들은 척 안 그런 척 하는 아이, 대장 노릇만 하려고 하는 아이, 친구가 잘못하거나 실수할 때마다 교사에게 이르는 아이, 자신의 의견이 받아들여지지 않으면 못 참는 아이, 교사가 잘못을 지적하면 변명하거나 딴청 부리는 아이, 교사가 보이지 않을 때 친구에게 폭력을 행사하는 아이, 말만 그럴 듯하게 잘하고 행동은 하지 않는 아이, 놀이그룹에 스스로 참여하지 못하며 안 놀아준다고 다른 아이탓 하는 아이 등이 있다.

아이들의 이러한 행동은 결과적으로 울기, 분노표출하기, 싸우기, 떼쓰기, 고집부리기, 의기소침해지기, 폭력 행사하기 등으로 귀결되는 것을 볼 수 있다.

이러한 행동에 대하여 부모와 상담을 하면 어떤 부모님은 대수롭지 않게 생각하거나 잘 모르고 있고, 어떤 부모님은 잘 알고 있으며 오히려 집에서는 더 한다고도 한다. 아이들의 건강한 성장을 위해서 부모와 교사가 함께 소통하며 해결해 나가야 할 과제임에 틀림이 없다.

왜 내 아이는 문제행동을 보일까?

아이의 문제행동에는 이유가 있다. 아이의 문제행동 발생에 영향을 미치는 요인은 첫째, 아이의 발달 지연, 건강, 기질

문제, 둘째, 부모의 건강, 스트레스, 불화 등의 문제, 셋째, 부모의 양육방식 문제이다.

유아기 문제행동의 대부분은 부모의 잘못된 양육방식과 연계된 부모와의 부적절한 관계에서 오는 경우이다. 부모의 생활환경과 양육방식을 점검하여 아이의 문제행동이 더 심해지지 않도록 신체적, 심리적, 환경적으로 상황을 개선해주는 일이 요구된다. 유아기 때 생긴 문제행동은 그대로 방치하여 이력이 오래되면 될수록 행동을 수정하기가 어렵다. 만일 아동기, 청소년기로 확대되면 아이의 연령이 증가함에 따라 문제행동이 더 강화되어 비행행동으로 나타날 수 있기 때문에 유아기에 해결해야 한다.

아이가 자신의 욕구를 표현하는 법, 조절하는 법, 해결하는 법을 배우는 것이 이 시기에 해결해야 할 중요한 과업이다.

행동수정 전문가들은 문제행동도 학습된 결과이기 때문에 바람직한 행동으로 다시 학습하는 것이 방법이라고 주장한다. 이것은 부모가 그동안 해온 양육방식을 점검하여 수정해야 할 필요가 있다고 보는 것이다. 유아기는 부모가 권위를 세워서 자녀를 양육하고 훈육해야 하는 시기이다. '권위 있는 부모'는 '권위적인 부모'와는 다르다.

권위 있는 부모는 다음과 같이 행동한다.

☞ 평소 아이에게 애정을 충분히 표현하여 다정하고 자애롭다.
☞ 긍정적인 상호작용으로 서로 애정과 신뢰를 느낄 수 있도록 교류한다.
☞ '되는 행동'은 진심으로 칭찬하며 함께 기뻐하지만 자신과 다른 사람에게 피해를 주는 행동이나 폭력적인 행동과 같이 '안 되는 행동'은 절대로 허용하지 않는다.
☞ '안 되는 행동'은 협박이나 체벌이 아니라 일관성 있게 설득하고 단호하게 제지한다.
☞ 갈등상황이 생기면 아이의 마음을 읽어주며 '나-전달하기'로 대화한다.
☞ 아이가 스스로 문제해결능력을 갖춰 나갈 수 있게 도와준다. 부모가 문제를 어떻게 해결하는지 평소에 모범을 보여 자연스럽게 배우도록 한다.
☞ 아이에게 모든 것을 쉽게 채워주려고 하지 말고 아이가 옳은 방향으로 나아가도록 안내자의 역할을 한다.

부모와 아이가 함께 결정한 부적절한 행동에 대한 '대가 치르기'에 대하여 아이는 잘못을 솔직히 인정하고 반성하며 발전하는 기회로 삼도록 한다.

이와 같이 부모는 유아기 자녀에게 '권위 있는' 부모의 역할을 하며 미래를 위하여 싹 틔운 아이의 잠재력을 무한히 키워 나가기를 기대해 본다.

품격 있는 아이로 키우자

살면서 많은 사람을 만나고 부딪치며 시간을 보낼 때 다시 보고 싶고 배우고 싶은 긍정의 여운으로 다가오는 사람이 있다.

품격 있는 사람과의 만남에서 느끼는 감정이다.

품격(Nobility)은 사람의 품성과 인격의 줄임말로서 타고난 품성과 길러진 인격의 융합으로 품위 있게 나타나는 자질을 뜻한다.

품격 있는 사람은 자신을 다른 사람과 비교하여 영향을 받지 않고, 잘 보이고 싶은 마음으로 지나치게 포장하지도 않으며, 몸에 배어있는 겸손과 절제와 같은 도덕적 가치가 자연스럽게 묻어나는 사람이다.

또한 품격 있는 사람은 어려울 때 정직하게 용기를 내어 올바른 견해와 생각을 피력하고, 책임을 질 줄 알며, 궁극적으로는 자신의 이익에만 치우치지 않고 균형적이거나 이타적으로 행동한다.

이런 사람, 상상만 해도 얼마나 신뢰되고 멋진가! 점점 복잡해가는 세상살이에서 내 자녀에게 보장이 되는 행복한 삶이란 바로 품격 있는 사람이 되는 것이다.

우리 아이의 품격은 언제 길러지는 것일까?

인격은 품격을 갖추는 데 기본이 된다. 아이는 0세부터 7세까지가 인격의 토대가 갖추어지는 중요한 시기이다. 부모 · 자녀 간의 관계 맺음의 질이 아이의 인격형성에 초석이 된다. 이때에 만들어지는 인격의 토대가 미래의 삶을 이끌어갈 원동력이 되는 것이다.

영아기(0~2세) 때 부모의 무조건적인 사랑으로써의 돌봄은 아이의 인격을 형성하는 데 가장 강력하고 중요한 요소로 작용한다.

아이가 배고플 때, 기저귀 젖었을 때, 놀고 싶을 때마다 부모에게 충분한 사랑을 받으며 양육된 아이는 부모에 대하여 애착과 신뢰감을 느낌으로써 심리적 · 정서적 안정감을 갖는다. 이것이 올바른 인격의 시작이다.

아이는 24개월을 지나면서 스스로 걷고, 말하고, 수저를 사용하여 밥을 먹을 수 있게 됨에 따라서 자율성이 발달하게 된다.

아이가 독립적인 인간으로서 존재감을 느끼면서 내면적인 성장에 박차를 가하기 시작하는 시기이다.

이제부터는 독립적으로 할 수 있는 일은 작은 것이라도 인정하여 칭찬하고 부족한 것은 격려하여 용기를 북돋아주면서 부분적으로 도움을 주어 아이 스스로 해낼 수 있도록 하는 양육방법이 요구된다.

부모는 되는 행동과 안 되는 행동을 간단한 설명과 함께 행동으로 분명히 지침을 전해야 한다.

아이에게만 지침을 주고 부모가 지키지 못하면 아이에게 혼돈을 주기 때문에 부모가 그 지침에 대한 접근과정을 행동으로 보여주어서 좋은 모델이 되는 태도가 아주 중요하다. 아이는 사랑하는 사람의 태도와 사고방식을 따라 하고 싶어 하는 경향이 있기 때문이다.

유아기부터 간과해서는 안 되는 과업이 아이의 자기감정조절력을 키워주는 일이다. 자기감정조절이란 정해진 목표를 성취하기 위해 자신의 감정이나 의지, 욕구를 억제하고 조절하는 것을 말한다.

자기감정조절력이 높은 사람은 자기 스스로에 대한 통제력이 높은 사람으로서 자기주도성, 책임감, 인내, 주의력, 집중력, 성실성이 있는 사람이다.

아이는 자율성이 발달함에 따라서 자신의 욕구를 적극적으로 충족시키고자 하지만 좌절을 경험하며 부적절한 행동을 나타내기 시작한다.

아이가 잘 놀다가도 갑자기 울고, 소리치고, 발버둥치는 등 난처하고 답답한 일이 발생하곤 한다.

이때마다 부모는 화내고, 야단치고, 달래고, 어르는 등 갖가지 방법을 사용해보지만 효과가 없다.

오히려 아이가 떼쓰는 행동으로 자신의 욕구를 충족하여 잘못된 해결방법을 학습하게 된다.

떼쓰는 행동과 같은 학습된 부적절한 행동은 아이가 성장함에 따라서 자신의 욕구가 좌절될 때마다 표출 행동으로 고착되어 습관적으로 나타나기 때문에 아이의 자기감정조절력을 키워주는 일이 시급해진다.

유아가 자기감정조절력을 기르기 위해서는 참고 기다렸다 획득하는 기회를 자주 경험함으로써 필요한 것을 얻으려면 기다릴 줄 알아야 한다는 것과 원하는 것을 얻는 데 징징거리거나 떼쓰는 것은 득이 안 된다는 것을 학습해야 한다.

동시에 자신의 감정을 말로 표현하는 방법을 배워야 한다.

부모는 아이가 무엇 때문에 감정이 부정적으로 되었는지 그 이유를 알아야 하는데, 그 비결은 아이가 자신의 감정을 솔직하게 말하는 것이 편하도록 아이의 마음을 공감하면서 들어주는 태도이다.

내 아이가 감정조절을 잘 하길 바란다면 부모부터 진실하고, 솔직한 표현으로 감정을 조절하려고 노력하는 모습을 보여주어서 좋은 모델이 되어야 한다. 그러면 아이 스스로 문제를 바르게 해결할 수 있는 지혜를 가지게 될 것이다.

'부모역할훈련' 프로그램을 개발하여 세계의 부모에게 공헌하고 있는 토머스 고든은 "자녀는 부모를 95% 닮는다."라고 하였다.

내 아이의 품격은 부모의 모습이기도 하다는 말이다. 부모 자신의 품격을 다스리지 못하면 내 아이의 품격은 기대할 수 없을 것이다.

이와 같은 인격교육이 먼저 자연스럽게 이루어지면서 지식교육, 문화교육이 병행되어 능력을 키워나가면 우리 자녀는 스스로 행복할 것이고, 자신이 속해 있는 한 시대의 지도자로서 존경받는 삶을 영위하게 될 것이다.

딸기

최인숙

반짝반짝
햇빛이 비추면
끝동부터
빨개지는 딸기

어제도
오늘도
바라보며 침만 삼켰지

새콤 달콤 향내
풍겨나와
가보니
벌써 새앙쥐 다녀갔네

수줍은 복사꽃 | 52×45cm | 염색천에 채색

내 아이 감정조절능력 키우기

부모는 누구나 내 아이가 감정을 적절히 조절하여 품격 있는 행동을 하며 살아가기를 원한다. 감정조절능력은 커서의 사회성은 물론 학업성취도와도 관련성이 크기 때문에 우리 아이가 행복한 가운데 성공하는 삶을 살아가기 위해서 갖추어야 할 중요한 영역이다.

아이가 느끼는 긍정적인 감정에는 기쁨, 즐거움, 행복, 편안함 등이 있고, 부정적인 감정에는 두려움, 노여움, 분노, 슬픔, 놀람, 미움, 공포, 질투 등이 있다. 아이는 자신의 욕구가 채워지면 긍정적으로 감정을 표현하며 행복해하지만, 욕구가 좌절되면 좌절감을 해소할 수 있는 효과적인 방법을 모르기 때문에 화내기, 울기, 떼쓰기와 같이 부정적으로 감정을 표출한다. 아이가 긍정적인 감정을 경험할 때는 세로토닌이라는 호르몬이 분비됨으로써 아이를 행복하게 만들어 아이가 긍정적으로 성장할 수 있도록 돕는다. 반면 부정적인 감정으로 스트레스를 받으면 코르티솔 호르몬의 수치가 증가하여 신진대사가 불균형해지고 아이의 성격 형성에 부정적으로 영향을 미친다고 한다.

『아이의 자기조절력』의 저자인 이시형에 의하면 인간의 감정조절을 관장하는 뇌의 부위는 전전두엽, 즉 안와전두피질(OFC)이다. 안와전두피질은 자기감정조절뿐 아니라 애착과 신뢰를 느끼고, 공감능력, 문제해결능력, 참고 기다릴 줄 아는 능력, 비언어적 소통능력, 스트레스 감내 능력 등 인간으로서 지녀야 할 기본적인 능력을 총괄하는 중요한 부위이다.

내 아이가 스스로 자기감정을 조절할 줄 아는 사람이 되기 위해서는 생후 초기부터 시작하여 뇌의 안와전두피질이 발달하는 3세까지가 가장 중요하다. 영아기에 싹튼 자기감정조절력을 6세까지 계속 훈련과 노력으로 감정과 이성 간의 연결 회로가 잘 완성되도록 해야 한다.

아이는 감정적인 상황에서 어떻게 대처하는지 부모를 보고 배워서 감정을 조절하는 능력을 스스로 키워나간다. 부모가 작은 일에 습관적으로 아이 앞에서 화를 내면 아이는 그렇게 하는 것이 해결방법인 양 받아들이며 하나의 모델로 삼게 된다. 부모가 자신의 감정을 조절하는 과정을 아이가 자연스럽게 배우도록 모범을 보이고, 아이가 따라 해 보도록 격려하고 기다려주는 인내가 요구되는 것이다.

내 아이가 자신의 불만족한 문제를 부정적인 감정으로 표출할 때 감정조절력을 지도하기 위하여 사용할 수 있는 구체적인 방법으로 3단계법을 제안한다.

1단계 : 아이의 감정을 인식한다.

아이가 느끼는 부정적인 감정은 반드시 언어적, 비언어적으로 표출한다. 부모는 아이가 무엇 때문에 그런 감정을 표출하는지 잘 관찰해야 한다. 이때 아이의 감정을 있는 그대로 보아야 하며 당장 잘잘못을 따져서 해결사의 역할을 하는 것은 바람직하지 않다. 부모가 아이의 감정을 이해해주고 수용해 주는 것이 먼저이다.

2단계 : 아이의 감정을 공감하여 표현한다.

아이가 부정적인 감정을 표출할 때에는 우선 아이의 감정을 읽고서 부모가 그 감정을 이해하고 있다는 점을 공감하여 표현해준다. 즉 반영적으로 경청하여 아이의 감정을 거울로 비춰주듯이 말하는 것이다.

부모는 아이가 표출한 부정적인 말, 말씨, 표정, 제스처 등의 단서들을 바탕으로 그 감정을 읽어서 아이의 생각이나 느낌을 따라서 표현해주면 된다. 예를 들면, 아이가 "형이 때렸어."라고 말하며 울고 있으면 "형에게 맞아서 화가 나는구나!" 하는 것이다. "형이 나하고 안 놀아줘."라고 말하며 찡찡대고 있으면 "형이 안 놀아줘서 속상하구나!" 하고 그 마음을 읽어서 공감하여 말해주는 것이다. 그러면 아이는 올라갔던 감정이 내려오고, 그만큼 감정을 비춰주는 이성적인 에너지가 더해져서 아이가 자신을 좀 더 분명하게 볼 수 있게 된다. 이것은 아이가 자신의 문제를 잘 인식하여 해결책을 찾도록 도와주는 역할을 한다. 아이의 감정을 읽어줄 때는 덜하거나, 더하거나, 비꼬지 않고 아이가 느끼는 감정을 있는 그대로 공감하여 표현해야 효과가 있다.

만일 부모가 아이의 감정을 잘 읽어주었다면 "예" 또는 "응"이라고 응답할 것이다. 아이가 이성적으로 문제를 바라볼 에너지가 생기면 스스로 대안을 찾거나 형과 타협할 수 있다. 만일 형이 "그래 함께 놀자."라고 동생에게 말하면 부모는 형의 배려에 대하여 칭찬하고, 동생에게는 "형과 같이 놀게 되어서 엄마도 기쁘다."라고 말해준다. 또한 동생이 스스로 다른 놀이 대안을 찾아 행하면 부모는 그 공을 인정하여 칭찬해준다. 이 단계에서 문제가 원만히 해결되지 않을 때는 다음 단계로 넘어간다.

3단계 : 아이의 부적절한 감정표현에 대하여 적절한 방법을 사용하도록 도와준다.

여기에는 아이의 불만족 사항을 효율적으로 표현하도록 대화 모델 제시하기, 대안 제시하기, 단호하게 제지하기가 있다.

먼저 아이가 계속 울고, 떼쓰는 등 부정적으로 감정을 표출하면 아이가 자신의 감정을 적절히 말로 표현하도록 도와준다. 아이가 "나–전달법(I–Message)"으로 표현하도록 모델을 제시해주는 방법이다. 나–전달법은 상대의 행동을 비난 없이 있는 그대로 말하고, 그 행동이 자신에게 미치는 영향을 구체적으로 언급하며, 거기서 오는 자신의 감정을 솔직하게 표현하는 대화법이다. 부모가 모델이 되어 "나–전달"의 대화방법을 말해주고 아이가 따라 하도록 지도한다. 예를 들어, "~~야, 엄마가 말하는 것처럼 형에게 말해볼까?" "형, 형이 나하고 안 놀아주니까 형하고 재미있는 놀이를 할 수 없어서 속상해(또는 슬퍼)."

그러면 형이 놀아준다고 함으로써 쉽게 해결되거나, 형에게 놀아줄 수 없는 이유가 있을 때는 형과 동생 간에 타협안이

나오기도 한다. 즉, "형이 숙제를 해야 해서 지금은 놀아줄 수 없으니 숙제 끝내고 놀아줄게." 할 수 있다. 동생이 동의하면 동생은 기다리는 행동까지 배우게 된다.

형이 자신의 입장을 말함에도 불구하고 동생이 당장 놀자고 여전히 떼를 쓰고 울면 부모는 부적절하게 대처하면 안 되는 이유를 짧게 설명해주고 적절한 대안을 제안한다. "~~야, 형이 숙제를 끝내고 놀아준다고 하니까 그때까지 로봇놀이나 색칠놀이 하고 있는 것은 어때?" 부모의 이런 제안을 아이가 받아들이면 일단락이 되면서 아이는 자신이 원하는 것을 다른 방향으로 얻을 수 있음을 알게 된다. 이때 아이가 자율적으로 선택할 수 있는 상황이 보장되어야 한다.

막무가내로 당장 형이 놀아달라고 여전히 떼를 쓰면 부모는 단호하게 제지한다. 만일 이 상황까지 반복적으로 가곤 하면 평소 부모의 양육태도를 다음과 같이 반성적으로 되돌아보아야 한다.

☞ 평소에 아이의 감정을 공감하여 말해주는 대화를 충분히 하는가?

☞ 아이의 자율권을 인정하고 존중하는가?

☞ 아이가 스스로 의사 결정하여 행동하도록 기회를 주고 충분히 기다려주는가?

☞ 갈등 문제가 생길 때 주로 아이의 욕구를 인정하지 않고 부모가 원하는 방향으로 지시하여 문제를 해결하지는 않았는가?

☞ 아이 행동이 마음에 안 들 때 I－Message로 말하는가?

☞ 되는 행동과 안 되는 행동을 설명과 함께 분명히 하는가?

이와 같이 부모는 아이의 감정조절 지도방법을 인지한 후 인내심을 가지고 아이가 스스로 자신의 감정을 조절하도록 전략적으로 접근하면 우리 아이는 주도적으로 감정을 조절하는 방법을 터득하여서 진취적이고 지혜로운 삶을 살아가는 품격 있는 인물이 될 것이다.

비닐 신주머니

현 사회는 책임질 줄 아는 리더를 요구하고 있다.

사람들은 크고 작은 여러 사건이 발생될 때마다 책임지는 사람이 없다고 한탄하곤 한다.

책임감은 하루아침에 만들어지는 것이 아니라 어렸을 때부터 반복적인 체험으로 익히는 것이다.

부모는 자녀의 책임감을 길러주기 위해서 유아기부터 책임 있게 선택하는 능력을 길러주는 교육이 필요하다.

책임감 있는 행동을 선택하고 그 선택의 결과를 수용하는 과정이기 때문이다. 자녀에게 자신이 부딪치는 문제들에 대해서 자율적으로 선택할 수 있도록 기회를 주면, 아이는 스스로 생각하고 현명한 결정을 내리는 법을 배우면서 책임감을 키워 나간다.

엄마로서 아들에게 책임감을 길러주기 위해서 했던 한 일화를 소개하기로 한다.

22년 전 아들 지훈이가 초등학교에 입학할 때의 일이다. 친지로부터 입학 축하 선물로 책가방을 받았는데 신주머니가 딸려오지 않았다. 비싼 책가방이라 신주머니가 별도였던 모양이었다. 아이와 함께 입학 준비를 하면서 신주머니를 사기 위해 한 쇼핑센터에 들렀다.

입학 시즌임이 실감 나게도 신주머니는 이천 원부터 이만 원이 훨씬 넘는 가격대까지 일렬로 죽 줄 세워 전시되어 있었다. 엄마는 중간쯤에 서서 아이에게 원하는 신주머니를 골라보도록 했다.

아이는 이쪽저쪽을 왔다 갔다 하며 찬찬히 살피더니 가장 비싼 쪽에서 한참을 머물다가 급기야 비싼 신주머니를 갖고 싶다고 한다.

엄마는 "지훈아! 신주머니는 잃어버리기 쉬운 물건인데 이렇게 비싼 신주머니를 가지고 다니다가 잃어버리면 어떻게 해?"라고 물었다.

아이는 한참을 생각하더니 "엄마! 좋은 생각이 있어요. 만일 신주머니를 잃어버리면 비닐봉지를 신주머니로 가지고 다니면 돼요." 한다. 엄마는 "오! 정말 좋은 생각이다. 만일 신주머니를 잃어버리면 시장에서 물건 살 때 담아주는 비닐봉지를 신주머니로 가지고 다니겠다는 거지?" 하니 "네, 만일 잃어버리면 비닐 신주머니 가지고 다닐게요." 한다. 책임으로 이어질 약속을 한 후 비싼 신주머니를 사게 된 아이는 참 행복해했다.

드디어 아이는 초등학교에 입학을 하고 새 책가방, 새 공책, 새 연필 등 온갖 새것을 들고 학교생활을 즐겁게 시작했다. 새로운 친구도 사귀고 방과 후에는 친구들과 함께 축구도 하며 초등학생이 된 것을 참 좋아했다. 입학 후 겨우 8일쯤 지나갈 무렵 어느 날 아이는 학교에서 귀가하여 평소보다 풀이 죽은 모습으로 다가와 말을 건넨다. "엄마! 오늘요, 신주머니 잃어버렸어요. 책가방이랑 신주머니를 운동장 옆에 놓고 친구들하고 축구하고 나서 보니까 신주머니가 없어졌어요." 한다.

엄마는 담담한 표정으로 신주머니 살 때 했던 약속을 떠올리며 "신주머니를 잃어버려서 참 속상하겠다. 신주머니를 잃어버렸으니 이제 어떡하지?" 하니 금세 아들이 말한다. "비닐 신주머니 가지고 다니면 돼요." "아! 그러기로 했지. 그럼 내일부터 비닐 신주머니를 가지고 다니면 되겠네?" 하니 아이가 "네." 한다. 그로부터 아이는 비닐 신주머니를 들고 학교를 다녔다.

처음엔 검정색 비닐 신주머니를 가지고 다니다가 찢어지거나 해어지면 노란색 비닐 신주머니 또는 흰색 비닐 신주머니로 교체하여 들고 다녔다.

3주쯤 지났을 때 엄마는 아이에게 말했다. "네가 그동안 비닐 신주머니를 가지고 다니면서 책임감 있게 약속을 잘 지키는 모습을 보고 다시 한 번 기회를 주어야겠다고 생각했어. 그래서 신주머니를 다시 사줄 테니 신주머니 사러 갈까?" 하니 아들이 뛸 듯이 기뻐했다.

다시 그 쇼핑센터에 가서 아이에게 가지고 다닐 신주머니를 골라보도록 했다. "엄마, 비싼 신주머니는 또 잃어버릴 수 있으니까 이번에는 이걸로 살게요." 하며 중간 바로 아래의 가격인 신주머니를 고른다.

엄마와 아이는 즐겁게 신주머니를 사서 돌아왔다. 아이는 다시는 잃어버리지 않으려고 이름도 쓰고 잘 간수하겠다고 다짐도 하며 새 신주머니를 귀하게 여긴다.

담임 선생님 면담 날 선생님께 비닐 신주머니에 대한 이야기를 하니 껄껄 웃으시면서 수수께끼가 풀렸다고 하셨다.

"지훈이가 날마다 왜 비닐봉지를 신주머니로 가지고 다니는지 참 이상했었다."라고 말씀하셨다.

이렇게 값진 에피소드를 가진 아들은 벌써 29세로 건강하게 성장하고 있다. 이제 진정한 자유를 누리며 책임질 줄 아는 성인으로서 개인적으로 행복하고, 국가와 사회에 공헌하는 어른이 되기를 기대해 본다.

질투심을 다스리며 올라가는 품격

딸아이가 중학생일 때 어느 날 심각한 얼굴로 말을 걸어왔다.

"엄마, 친구에게 질투심이 나서 친구가 밉고 싫어져요."

순간 나는 참 당황스러웠지만 일단 그 마음에 공감을 표했다.

"질투심은 사람이면 누구나 다 가지고 있는 감정이야. 엄마도 그럴 때 있어. 그런데 질투심을 품고 있는 자신의 모습이 싫지?" 하니까 아이가 대답하기를 "네 엄마, 생각해보면 나도 인정되는 친구의 모습인데 마음이 뒤틀리니까 그런 내 모습이 싫어요."

"그래 ~~야, 그렇게 솔직하게 말해줘서 고마워. 엄마도 질투심 나는 내 자신의 모습이 싫어서 즐겨 사용하는 방법이 있는데 들어볼래?" 하고 말을 이어갔다.

"일단 질투심이 발동하면 지체하지 말고 바로 인정하고 칭찬해주면 이기는 거야. 질투심이 일었던 그 고통스러운 감정이 순식간에 사라지거든." 하니 아이의 눈동자가 커진다.

"그런 후 자신을 돌아보고 자신이 자부심을 가질 수 있는 일이나 멋지게 사고하고 행동하는 태도에 대하여 계획을 세우고 노력해서 하나하나 잘할 수 있는 것들을 만들어가는 거야. 그러면 자존감이 생겨서 웬만한 일에는 질투심이 안 생겨. 어차피 그 상대도 다 잘하고 모든 것을 갖추고 있지는 않잖아?"

그렇다. 자신을 세워줄 수 있는 장점을 키우고 만들어서 자존감을 키우는 일이 중요하다.

질투심이란 다른 사람이 가진 것에 대하여 샘이 나고 부러워하며 내가 가지고 있지 못함에 대하여 속상하고 괴로운 마음이다.

이것은 사람이면 누구나 자연스럽게 가질 수 있는 감정이다.

질투심을 유발하는 사람은 자신보다 뭔가를 잘하는 사람, 외모가 뛰어난 사람, 인기가 있는 사람, 돈이 많은 사람, 집안 환경이 좋은 사람, 심지어는 성격이 좋고 지혜로운 사람 등 다양하다.

이런 질투심은 안으로 에너지가 발동하면 열등감이 되어 무기력하게 되고 증오심으로 확대되어 범죄를 저지를 수도 있는 부정적인 감정이다.

이 세상에 태어날 때부터 질투심을 가지고 태어나는 사람은 없다.

다른 사람에게 질투심을 유발할 장점만 다 가지고 있는 사람도 없다. 인간이라면 자신이 가지고 있지 않은 것에 대하여 질투심이 나는 것은 당연한 이치다. 그러나 이런 감정 때문에 자신의 인생이 부정적인 나락으로 빠져드는 일을 두고 볼 수는 없는 일이다.

질투심을 다스리는 방법을 터득하면 오히려 긍정의 에너지로 변환되어 성숙하고 멋진 사람이 될 수 있음을 믿는 것이 중요하다.

스스로 자존감을 키움으로써 자신이 가치 있다는 느낌, 자신이 소중하고 귀한 사람이라는 긍지를 가질 수 있는 상황들을 만드는 것이 우선적으로 필요하다.

이를 위해서는 자신을 객관적으로 돌아보고 스스로 시도해볼 수 있는 작은 일에서부터 시작하여 점차 발전해 나아가며 진솔한 만족을 느끼도록 한다. 질투심을 다스리는 과정을 단순하게 정리하면 상대의 장점을 바로 인정하고 칭찬하기, 자신이 잘 할 수 있는 일 찾아 계획하고 노력하여 달성하기, 자신을 칭찬 또는 격려하기이다.

부모는 자신은 물론 자녀가 이러한 과정을 통하여 질투심을 다스릴 수 있는 힘을 기르도록 스스로 실천하는 모습을 보여주며 자녀를 도와야 한다.

딸아이가 고등학생일 때 어느 날 행복한 얼굴로 말을 걸어왔다.

"엄마, 오늘 우리 반에서요, 작은 종이쪽지에 장래의 희망을 적어서 발표하는 시간이 있었는데, 저는 친구들에게 일일이 찾아가서 '~~야 너는 멋진 변호사가 될 거야! ~~야 너는 훌륭한 의사가 될 거야! ~~야 너는 우리나라에 크게 공헌하는 외교관이 될 거야'라고 하니 기분이 참 좋았어요. 제 친구들은 모두 잘될 거예요."라고 말한다.

질투심을 발동하지 않고 바로 인정하며 오히려 덕담을 해주고 행복해하는 딸을 바라보면서 참 다행이라고 생각했다.

우리 인간은 스스로 자신의 감정을 다스리며 하나씩 지혜롭게 접근할 때 품격이 올라가고 있음이다.

꽃 눈

최인숙

앙상한 몸으로
우뚝 서서
겨울 눈보라를 견디던
마른 가지에
사랑스런 꽃눈들이 싹트네

아직은
바람 막아 줄 잎이 없어도
아지랑이 사이로 찾아온
이른 봄 햇살에

망울망울
터지는
산수유, 진달래, 목련꽃 …

숨었던 꽃눈들이
방긋방긋 웃음 짓네

봄날 | 52×48cm | 수묵담채

자신감은 성공의 열쇠

현 시대에서 부각되고 있는 이슈 중에는 젊은이들이 직업을 갖지 못해 갈등하고 좌절함으로써 결혼이 늦어지거나 결혼을 못하게 되고 자연히 출산율 감소로 이어지는 사회문제가 있다.

젊은이들의 울부짖음으로 폭발한 '헬조선'이란 시대적 용어가 우리를 참 슬프게 한다.

설상가상으로 언론에서는 다가오는 우리 자녀 세대는 부모 세대보다 더 잘살기가 어려운 첫 세대가 될 것이라는 예측을 보도하고 있다.

젊은 부부들에게는 아이를 낳아도 희망만 있는 게 아니라는 불안한 판단을 하게 하는 소식이기도 하다.

부모의 역할이 더욱 중요한 시대적 임무로 요구됨을 느끼게 한다.

부모는 자녀가 성공적인 삶을 살아가기를 간절히 바란다.

인생이 '성공하느냐, 실패하느냐'를 가름하는 분기점에서 핵과 같은 역할을 하는 요소는 자신감이다.

부모는 내 자녀가 자신감을 가지고 인생을 살도록 어떤 역할을 해야 하는가?

자신감을 갖기 위해서는 자아존중감이란 디딤돌이 필요하다.

사람은 자신을 귀하게 여기며 자신에 대하여 좋은 느낌을 가질 때 자신을 존중하게 된다.

자아존중감은 어렸을 때부터 주변 사람들에게서 받는 대접의 언행으로 자연스럽게 시작되나 결국에는 자기 안에서 과거보다 나아진 현재의 자신을 개념화하며 확고해진다.

"넌 눈이 참 예쁘구나!", "어쩜 블록으로 집을 이렇게 잘 지었니?" 등 연령에 맞는 성숙 수준에 따라서 잘한 행동을 칭찬해 주면 자녀의 자아존중감은 시작되고 여러 가지 성공적인 경험을 하면서 발전적인 자신의 미래를 기대하며 자신을 존중하는 마음은 자리를 잘 잡는다.

자아존중감은 "나, 해 볼 거야!"로 확대되고 무엇이든 실행에 옮겨보는 도전정신을 조장하여 "나, 할 수 있어!"의 자신감으로 성장한다.

자녀의 자신감을 기르기 위해 사용하는 기법으로는 칭찬과 격려가 중요하다.

많은 사람들은 그게 그거인 양 구별 없이 사용하는 경향이 있으나 사안에 따라서 구분하여 적용할 때 효과가 훨씬 크다.

칭찬은 바람직한 행동이 습관화되도록 하기 위해서 사용하는 방법으로서 잘했을 때 그 행동을 또 하라는 의미로 주는 사회적 보상이다.

효과적인 칭찬법은 자녀가 잘한 행동을 구체적으로 언급하고 그 결과로 느끼는 나의 긍정적인 감정을 솔직하게 표현하는 것이다.

반면에 격려는 만족스럽게 잘하지 못했지만 용기를 주어 도전하게 하고 싶을 때 사용한다.

자녀가 스스로 도전하여 새로운 행동을 시도하면 부모는 관심을 가지고 지켜보면서 잘할 때는 칭찬을 하고, 부족하면 장점 · 노력 · 공헌한 점을 인정하여 격려함으로써 용기를 북돋아 주면 된다.

부모는 '자녀가 도전하고 또 도전하면 이룰 수 있다'라는 신념을 가지고 인내하며 서두르지 않는 것이 중요하다.

사람은 어렵지만 노력하여 문제를 스스로 해결했을 때 느끼게 되는 성취감과 만족감을 반복적으로 경험함으로써 어려운 일도 도전하고자 하는 자신감이 생기기 때문이다.

커가면서 자녀는 자신이 받으며 배운 칭찬과 격려를 친구를 비롯한 주변 사람들에게 활용하도록 하고, 외모를 자신의 기분이 좋아질 만큼 멋스럽게 관리하며, 자신의 생각을 표현할 때는 천천히 조리 있게 큰 소리로 말하는 습관을 들인다.

또한 자신이 즐기며 잘할 수 있는 과목, 예능, 운동 등을 선정하여 자부심을 가질 수 있을 정도로 특별히 잘하는 영역을 길러내며 자신의 가치를 스스로 인정하는 일을 만들도록 한다.

이러한 일들을 수행할 때 꼭 잊지 말아야 할 것은 완벽을 추구하지 않고, 조급해하지도 않으며, 스스로 할 수 있는 일부터 작은 목표를 세워서 해결하고 성취감을 느끼면서 새로이 한 단계씩 높여 시도하며 큰 목표에 이르도록 부모가 관심을 가지고 칭찬과 격려를 하는 일이다.

사람들의 성향을 보면 잘하는 일이 많음에도 불구하고 잘하는 게 없다고 비관하는 사람이 있는가 하면 별로 잘하는 게 없는데도 할 수 있다고 자신감을 가지고 쉽게 도전하는 사람이 있다.

마라톤과 같은 우리 인생에서 긍정적인 태도로 도전하고 또 도전하는 사람이 결국 성공하지 않겠는가!

어려움을 극복하도록 양육받고 싶은 자녀

교양 예비부모교육 시간에 대학생들에게 작은 과제를 하나 내 주었다.

부모가 자신에게 했던 양육방법 중 자신이 부모가 되었을 때 자녀에게 그대로 해보고 싶은 것과 자신의 자녀에게는 적용하고 싶지 않은 것을 나누어서 써 오도록 한 것이다.

다양한 의견들이 있었지만 지금도 잊히지 않는 것은 '부모를 닮고 싶지 않은 양육방법'이다. 같은 내용을 여러 사람이 제시한 것도 의외였다.

자신이 어렸을 때 공부, 피아노, 운동 등을 하기 싫다고 말하면 부모가 너무 쉽게 "그래? 싫으면 그만해!", 또는 "할 수 없지, 싫으면 그만둬!"라고 했던 부분을 그때는 싫은 것을 안 해서 좋았지만 지금 대학생이 되어서 생각해보니 원망스럽다는 것이다.

심지어 어떤 남학생은 때려서라도 가르쳐서 나의 능력이 돼 있으면 현재 자신에게 얼마나 힘이 되겠느냐고 소리 높여 반문한다. 부모로서 그리고 부모교육을 강의하는 사람으로서 뜻밖의 말을 대학생들로부터 들은 것이다.

학생들이 원하는 것이 무엇인지 생각해보니 내가 아들에게 했던 한 방법이 떠올라 소개해보고자 한다.

초등학교 1, 2학년 때 피아노 공부를 안 해본 아이는 거의 없을 것이다. 아들 지훈이도 초등학교 4학년이 될 때까지 별 저항 없이 피아노 학원을 다니며 공부를 잘 하더니 어느 날 불만스럽게 말을 꺼낸다.

“엄마, 피아노를 꼭 계속 해야 해요?”

엄마는 속으로는 당황스러웠지만 애써 태연하게 말한다.

“피아노에 싫증이 났구나! 아니야? 꼭 해야 되는 건 아니야. 다만 전에 너에게 말했듯이 피아노를 잘 치게 되면 너의 인생에 여러 면에서 도움이 되리라 생각하여 너를 도와주고 있는 것이야. 네가 원하지 않으면 안 할 수 있어. 그러나 하루만 더 진지하게 생각한 후 내일 다시 얘기하자.”

피아노를 시작할 때부터 피아노를 즐기게 됨으로써 얻을 수 있는 긍정적인 면들을 몇 번 설명했던 기억을 떠올리며 하루만 더 생각해보기를 권하였다.

피아노를 즐기는 사람의 멋과, 어떤 직업을 가지더라도 스트레스 받고 힘들 때 즐겨 치던 피아노곡을 연주하면 스트레스가 풀리고 마음이 안정될 것이라는 이야기, IOC 부위원장이었던 김운용 씨가 리셉션에서 피아노를 연주함으로써 IOC 위원들에게 알려지고 스포츠 외교에 도움이 되었다는 이야기도 들려주었던 기억이 난다.

하루가 지난 후 그 문제를 다시 논할 때 아이는 협상을 제안해왔다.

"엄마, 피아노를 계속 치는 게 좋겠어요. 그런데 일주일에 4일만 학원에 가면 안 되나요?"

"아니! 돼~. 여기에서 포기하는 것보다는 하루를 포기하고 나머지 시간에 열심히 하는 것도 나쁘지 않아."

이런 타협하에 아이는 피아노를 계속 하였지만 그 후 일년에 한 번은 시간이 없다는 이유로 이런 협상을 반복적으로 제안해왔다.

그때마다 타협하여 일주일에 3번, 2번 학원에 가던 것을 결국에는 일주일에 한 번 선생님이 집에 오셔서 피아노 공부를 조금 길게 하는 데까지 이르렀다. 물론 중학생이 되어서까지 이어졌다. 피아노 연주 실력이 어느 선을 넘을 때까지 포기하지 않는 것이 중요하다고 판단했기에 아들과 엄마는 타협을 거듭하며 조절을 했던 것이다.

그런 와중에 피아노를 계속 친 것에 대하여 보람을 느끼는 일이 생겼다.

중학교 2학년 때 기악 시험에서 피아노로 시험을 치른 일이다.

한 반에서 남학생은 3명만이 피아노로 시험을 보았는데 아들은 '아드린느를 위한 발라드'를 멋지게 연주했고, 리코더로 시험을 본 대부분의 친구들은 아들을 부러워하며 피아노를 중도에 그만둔 것을 후회하는 것을 보고 피아노를 포기하지 않은 것에 대하여 보람을 느낀다고 하였다.

이 밖에도 친구 생일 축하 파티에서 한 피아노 연주, 가까운 친척 모임에서의 피아노 연주, 엄마 생일 선물로 드린 연주 등 동기유발이 되는 일은 가끔 있어왔다. 그런 기회를 일부러 만들었다는 것이 더 옳은 표현이다.

결정적인 사건은 교환학생으로 미국 텍사스에 있는 천주교 신자 댁에서 6개월 동안 머물 때, 호스트 맘을 따라서 성당에 미사 하러 갔다가 피아노 칠 사람이 없는 이유로 피아노 반주 없이 미사 드리는 것을 보고 아들이 피아노 반주를 주일마다 맡기로 한 일이다.

그 성당의 나이 드신 분들은 매우 고마워했고, 아들은 반주하다 가끔 틀릴 때면 과거에 열심히 하지 않은 것을 후회했다고 한다.

이때부터 확실히 더 이상 엄마가 피아노 배워두는 것에 대한 이점을 설명할 필요가 없게 되었다.

지금은 피아노 연주를 즐기는 멋진 청년이 되어 있다. 우리 대학생들이 아쉬워했던 부모의 양육방법이 이런 것이 아니었을까 생각한다.

나중에 아들이 청년이 되었을 때 엄마는 진솔하게 물은 적이 있다.

"아들아! 전에 여러 번 네가 피아노 치기 싫다고 할 때마다 하루를 더 진지하게 생각한 후 내일 다시 얘기하자. 하면 항상 계속하겠다고 했는데 왜 그런 결정을 내렸어?" 하니 아들 대답은 이랬다.

"첫째는요, 곰곰이 생각해보니 참고 더 해보는 것이 낫겠다고 생각했고요. 두 번째는 그런 결정을 엄마도 좋아하실 것 같아서 그랬어요. 아마, 그때 저를 야단치고 강제로 하라고 하셨으면 포기했을 거예요. 생각하면 할수록 포기하지 않고 끝까지 한 것은 참 잘한 일이라고 생각해요. 엄마에게도 감사해요."

성취감은 어려움을 극복함으로써 오는 것이고, 성취감을

반복적으로 경험하면 자신감으로 발전한다.

자녀의 자율적 의지를 존중하면서 어려움을 극복하도록 지원하고 대화하며 자녀 스스로 문제를 해결해 나가도록 하는 것이 좋다. 부모의 역할은 끊임없는 인내와 융통성과 창조를 요구한다.

기다림의 철학

세상을 살면서 일찌감치 터득한 것 중 하나는 기다릴 줄 알아야 한다는 것이다.

사람은 일시적, 단기적, 장기적인 지향을 두고 노력한 다음 그 일이 빨리 이뤄지길 소망하며 기다린다.

실제로 노력하지 않고 기다리는 경우, 조금 노력하고 큰 결과를 기다리는 경우, 최선을 다하고 최대의 결과를 기다리는 경우 등 기다림의 유형도 다양하다. 분명한 것은 최선을 다한다 해도 나의 뜻대로 되지 않을 때가 많은 것이 인생이라는 것이다.

내가 기대한 것과는 정반대로 생각해본 적도 이해도 안 되는 결과를 받아들여야만 하는 현실에서 당황하는 일이 얼마나 많은가!

억울하여 더 이상 기다릴 수 없다고 맞서서 해볼 수 있는 일이 우리에게 있는가?

숱한 크고 작은 아픔을 통하여 우리 인간의 임무는 그저 바르게 생활하며 최선을 다한 후 결과는 서두르지 않고 기다려야 한다는 거스를 수 없는 명제가 있음을 인정하고서야 세상살이가 다소 편안해졌다.

기다릴 줄 아는 태도를 바탕으로 긍정적인 변화를 가져와 성숙된 모습으로 발전하는 것을 경험함으로써 기다림이 아름다운 미학이고 철학임을 알게 되었다.

인생이 기다림의 연속임을 느끼고 있던 나는 첫아이를 낳았을 때 기다릴 줄 아는 사람으로 키워야겠다고 다짐하였다.

며칠간 초유를 먹인 후 모유량이 적어서 분유를 줄 때부터 기다리는 연습을 적용하기 시작했다.

아기가 배고프다고 칭얼대는 신호를 보이면 "맘마 먹고 싶구나! 엄마가 맘마 가져올게 조금만 기다려?"라고 말하고 반드시 다른 일을 제치고 분유를 타서 먹였다.

분유를 줄 때마다 기다리라는 말을 하곤 하였다. 태어난 지 40일쯤 되었을 때 항상 하던 기다리라는 말이 떨어지자마자 아기가 갑자기 칭얼거리던 행동을 뚝 그치고 바로 눈을 돌려 엄마보다 먼저 분유 타는 곳을 바라보는 게 아닌가! 나도 모르게 "와! 아기가 말을 알아들어!"라고 감동하여 외치며 무척 기뻐했다.

아이의 기다릴 줄 아는 행동은 다양하게 적용한 결과 네댓 살이 되어서 분명히 체화되고 있음을 알 수 있었다.

한 예로 쇼핑센터에 갈 때는 "혜령아 엄마가 ○○ 사기 위해서 쇼핑센터에 가려는데, 함께 갈래? 너는 사야 할 게 뭐가 있어?" 하면 항상 딸아이는 한참 생각한 후에 없다고 말했다.

그저 엄마 따라서 어딘가에 가는 것만으로도 좋았기 때문에 딱히 사야 할 것은 생각나지 않은 모양이었다. 사야 할 물건이 있을 때는 엄마와 함께 계획을 세우는 대화를 하곤 했는데, 이번 예는 혜령이의 물건을 살 필요가 없을 때의 일이다.

엄마는 "좋아, 혜령이 것은 계획하지 않았으니 쇼핑센터에 가서 어떤 물건을 갑자기 사달라고 하면 안 되는 거야? 대신 네가 좋아하는 슈크림빵과 아이스크림은 사줄 수 있어." 하면 아이는 뛸 듯이 좋아했다.

쇼핑센터에서 일을 보고 있을 때 아이가 슬그머니 저쪽 장난감 코너에 가서 이것저것 구경하고 있는 게 아닌가? 재빨리 일을 보고 장난감 코너에 가서 보면 아이는 갖고 싶은 장난감을 들고 있다.

이때 엄마는 자연스럽게 "혜령이는 그 장난감이 갖고 싶구나?” 하면 아이는 큰 눈으로 고개만 끄덕끄덕한다.

“오늘은 이 장난감 사는 걸 계획하지 않았으니 곧 돌아오는 크리스마스(또는 생일, 명절, 어린이날 등) 선물로 이 장난감을 사줄게.” 하면 아이는 밝게 웃으며 기꺼이 좋다고 했다.

얼마 동안 기다리면 그 선물을 받을 수 있는지 진지하게 말하며 상표와 가격을 메모해 왔다.

그 후 약속한 기념일이 되어 그 선물을 사주겠다고 하면 아이는 단 한 번도 좋다고 한 적이 없다.

원하는 선물은 꼭 바뀌어 있었다.

그때마다 쇼핑센터에서 아이가 갖고 싶어 할 때 무조건 그 물건을 사주었다면 충동구매였을 것이라는 생각을 하게 되었다.

이 밖에 다섯 살에 우산을 들고 유치원에 가고 싶다는 아이에게 우산을 바르게 들고 걸을 수 없을 때의 위험에 대하여 설명한 후 기다렸다가 6살이 되어 아이가 원하는 노란색 자동우산을 사 준 일에서부터 고등학생 때 딸이 제안한 ‘자기가 갖고 싶은 것, 목록 만들기’에 이르기까지 당장 가질 수 없는 것들을 계획하고 기다렸다 갖도록 하는 경험을 수시로 하였다.

이러한 과정을 거쳐서 터득한 기다릴 줄 아는 태도는 기다림으로 끝나는 게 아니라 더 나아가서 지연만족 행동, 약속을 지키는 행동, 계획을 세우는 행동, 노력하여 스스로 이루는 행동, 감정을 조절하는 행동, 사리를 분별하는 행동 등으로 발전한다.

이 행동들은 아이 자신을 변화시켜 유능한 리더로 성장하는 데 꼭 필요한 지혜의 태도이다.

부모가 기다리라고 말할 때는 반드시 명분 있는 설명이 있어야 하고 평소에 쌓아 둔 돈독한 신뢰감이 존재해야 효과가 있다.

만일 다른 의도를 가지고 시간을 벌기 위하여 또는 그 상황을 모면하려고 기다림을 이용한다면 효과가 없을 것은 당연한 이치다.

이렇게 자란 딸은 대화가 잘 통하는 사람, 말을 할 때 논리적으로 맞으면 쉽게 이해하고 받아들이는 원만한 어른이 되어서 자신의 딸을 키우며 기다림의 철학을 가르치고 있다.

달팽이의 세상

최인숙

달팽이는
아름다운 세상
볼 것이 많아서
느리게느리게 간대요.

달팽이는
평화로운 세상
생각할 것이 많아서
느리게느리게 간대요.

달팽이는
더불어 사는 세상
친구와 함께 가려고
느리게느리게 간대요.

산동네 | 65×55cm | 수묵채색

앨빈 토플러가 전망한 미래의 교육

미래학자로서 세계의 지도자와 기업인들에게 크게 영향을 미쳤던 앨빈 토플러(Alvin Toffler)가 2016년 6월 27일 세상을 떠났다.

토플러는 미래 충격(1970년), 제3의 물결(1980년), 권력 이동(1991년), 부의 미래(2006) 등의 저서를 통하여 미래를 통찰력 있게 예측하고 전망하며 한국과 세계에 영향을 미쳐왔다.

'제3의 물결'에서 고도의 지식정보화가 미래사회의 패러다임이 될 것임을 예고하였는데, 오늘의 IT혁명과 디지털 시대를 경험하고 있는 것을 보면 토플러의 예측이 정확히 들어맞은 것 같다. '권력이동'에서는 지식이 진정한 권력의 수단이 될 것이라고 전망했다.

'부의 미래'에서는 미래 부의 창출 심층기반에는 시간, 공간, 지식이라는 3요소가 있는데, 지식이 미래사회의 자본이기 때문에 가장 중요하며 무용지식은 가려내고, 서로 다른 지식의 상호작용으로 재생산된 새로운 지식들을 끊임없이 습득하는 일이 중요하다고 피력했다.

이와 같이 미래사회의 패러다임으로 지식정보화를 주장한 토플러는 교육에 대하여 어떠한 전망을 했는지 그의 어록을 중심으로 몇 가지 시사점을 얻고자 한다.

일찍이 한국에 특별한 애정을 표했던 토플러는 한국의 미래 가능성에 대해서는 긍정적인 점수를 주었지만, 교육 문제에 대해서만큼은 강도 높게 비판했다.

한국이 세계를 이끌려면 상상력과 창의력을 키워야 한다면서 한국의 교육에 대하여 다음과 같이 혁신을 주문하였다.

첫째, 교육제도의 혁신이다. 특히 한국의 획일화 교육을 비판하며 다음과 같은 어록을 남겼다.

"한국의 학생들은 15시간 동안 학교와 학원에서 미래에 필요하지 않을 지식과 존재하지도 않을 직업을 위해 시간을 낭비하고 있다", "현재 교육제도가 무용한데 계속 존재하면서 다른 대안이 나타나는 것을 막는다는 사실이 답답하다", "미래사회에는 지식 기반 사회에 맞는 교육 제도로 가장 먼저 개혁하는 국가가 강대국이 될 수 있다", "한국도 국제경쟁력에서 뒤처지지 않기 위해서는 교육제도부터 바꿔야 한다"라고 강조했다.

사회가 다양하게 변화하고 있는데 교육은 공장에서 풀빵 찍듯이 획일화, 평균화되고 있는 것을 지적한 것이다.

둘째, 교육 내용 및 방법의 혁신이다.

"21세기가 요구하는 것은 창의적인 인재를 키우는 것이다."

"지금은 새로운 것을 만들어 낼 줄 아는 창조성을 가진 사람들을 필요로 한다."

"사회는 정보사회로 바뀌었는데 한국의 교육은 아직도 대량생산 산업사회에 맞는 주입식 교육에 머물고 있다."

"수백 명의 학생을 한곳에 모아놓고 똑같은 기능을 가르치고 있다."

"21세기 세계경제를 주도할 나라는 과학교육을 혁신적으로 개혁하여 창의적인 고급 두뇌를 양성하는 나라가 될 것이다."

"과학적 발견이 하루가 다르게 새로운 진리를 만들어내고 있으니 학교 교육은 내용을 암기하는 것이 아니라 개념과 원리를 이해하는 교육이어야 한다."

"언제 어디서든 혁신과 독립적 사고가 가능한 교육이 되도록 학교는 물론 교수법과 강의과정을 보다 다양화해 나가야 한다."

"지식은 상호작용하면서 거대하고 복잡한 지식체계로 재편되고 있다. 즉 생물학과 공학이 상호작용하면서 새로운 지식이 창출된다."라고 말하였다.

이는 과학과 다른 학문들을 통합적으로 적용하여 새로운 산물을 창출하는 오늘날의 융합인재 양성을 예측한 부분이라 볼 수 있다.

셋째, 교육자 태도의 혁신이다.

토플러는 교육현장에서 교육의 혁신을 이끌고 실천해야 할 교사들에게도 심한 비판을 가하였다.

"교사들은 무언가 변하면 크게 반발한다."

"교육과 비즈니스는 항상 긴밀히 연결되어 있는데 교사들이 미래의 기업 환경(직업 환경)에 걸맞은 교육을 효율적으로 제공하지 못하고 있다."

이는 교사가 새로운 가치를 요구하는 미래의 기업뿐 아니라 다양한 직업 환경에 적응할 융통성 있는 창의교육을 실천하는 주체가 되어야 함을 강조한 것이라 볼 수 있다.

궁극적으로 학생들이 어느 직업에서나 독립적으로 창의적인 생각을 할 수 있는 능력을 배양하여 새로운 직업 환경에서 융합능력을 발휘할 수 있도록 길러주는 교육이 필요한 것이다.

앨빈 토플러가 약 15년 전부터 "한국은 이제 정부, 학교, 언론을 포함한 사회적인 기관에 대한 개혁에 돌입해야 할 때"라고 말했지만 아직도 개혁의 모습은 보이지 않는 듯하다.

한시가 급한 교육제도, 교육 내용 및 방법, 교육자들의 태도 변화에서 어느 것 하나 혁신을 느낄 수 없으며 아직도 수요자의 요구와는 거리가 멀다. 그러나 내 아이의 교육은 때(결정적 시기)가 있기 때문에 교육혁신이 이루어지기를 마냥 기다리고 있을 수만은 없다.

교육 전문가와 학부모들은 프로슈머(prosumer-소비자의 의견을 생산자에게 반영시킴으로써 생산자와 소비자의 역할을 동시에 하는 사람)의 기지를 발휘하여 연구하고, 요구하고, 스스로 실천하며 앞서가야 하는 게 현실이다.

유아교육부터 획일화된 틀을 벗어나 창의력과 융합능력을 키워주는 다양한 교육프로그램이 개발 · 운영되어야 한다. 이

제 더 이상 토플러의 혜안이 담긴 미래예측을 들을 수 없는 아쉬움을 간직한 채 앨빈 토플러의 영원한 안식을 기원한다.

제4차 산업혁명과 스팀(STEAM) 교육

2016년 1월 스위스 다보스에서 열린 세계경제포럼(WEF)에서 최대 화두가 된 것이 제4차 산업혁명이다.

이 주제는 그 후 세계의 최대 관심사가 되고 있다.

최근 인공지능 컴퓨터인 '알파고', 인공지능에 빅데이터를 접목한 IBM의 '왓슨', '3D 프린팅', '드론', '자율주행자동차' 등의 출현으로 인공지능 기술이 급부상하고 있음을 접하며 제4차 산업혁명이 가시화되고 있다는 것을 실감하게 된다.

WEF의 보고서는 제4차 산업혁명은 생산성 향상이라는 긍정적인 측면이 있음과 더불어 일자리 감소라는 부정적 변화가 급격하게 다가올 것으로 예측하고 있다.

우리의 동공을 크게 만드는 내용 중 하나는 인공지능(AI) 기술의 고도화로 사람의 노동력에 의존했던 반복, 단순 작업의

직종들이 인공지능기계로 대체되어 직업적 지형을 크게 변화시킬 것이라는 부정적 측면의 예측이다.

현재 7세 이하 어린이가 사회에 나가 직업을 선택할 때가 되면 65%는 지금은 없는 새로운 직종에서 일하게 될 것이라는 전망이다(다보스 포럼, 2016).

'유엔 미래보고서 2045'는 2030년이 되면 현재 일자리의 80%인 약 20억 개가 사라질 것이라고 예측한다. 당장 미래의 주역이 될 우리 아이들에게 무엇을 어떻게 교육해야 하는지 참 당혹스러워진다.

'제4차 산업혁명' 시대에 요구되는 미래형 인재는 어떤 사람인가?

다보스 포럼에서는 제4차 산업혁명으로 경제, 사회, 문화, 인류, 환경 등 사회 전반에 걸쳐서 패러다임의 대변혁이 이루어질 것인데 가장 급속한 대혁신이 필요한 분야가 교육이라고 주장한다.

또한 2020년에 요구되는 교육목표는 복잡한 문제해결 능력, 비판적 사고, 창의력, 사람관리, 협업능력 등을 갖춘 인재를 길러내는 데 초점이 맞춰져야 한다고 주장한다.

이들을 종합해보면 미래 인재상은 과학적 마인드, 논리적인 사고력, 창의력, 사회기술을 갖춘 융합인재이다.

'제4차 산업혁명' 시대에 요구되는 미래형 융합인재는 어떻게 길러져야 하는가?

현재 우리나라에서 아직도 일반적으로 진행되고 있는 암기위주의 주입식 교육으로 미래형 인재를 길러낼 수 없다는 것은 너 나 할 것 없이 인정하고 있는 사항이 되었다.

많은 미래 예측가들은 우리 교육의 내용과 방법을 대혁신하여 창의적인 융합인재를 길러내야 한다고 주문하면서 대안으로 스팀(STEAM) 교육을 제안하고 있다.

스팀교육은 S(Science, 과학), T(Technology, 기술), E(Engineering, 공학), A(Arts, 예술, 언어, 사회, 교양, 체육 등), M(Mathematics, 수학)의 통합교육을 의미한다.

스팀교육은 문제를 해결함에 있어서 과학 · 기술 · 공학적인 지식과 수학적 관점에서 논리적으로 접근하고 예술과 인문 · 사회 분야를 통합하여 다른 사람의 공감을 이끌어 낼 수 있는 창의적인 아이디어를 창출할 수 있는 역량을 키우도록 하는 융합인재교육이다.

이는 과학, 기술, 공학 인재양성만이 아니라 예술, 인문, 사회, 경영 등의 모든 분야에서 창의적인 인재를 양성할 수 있도록 하는 교육이다.

또한 문제해결력을 길러주기 위한 한 학습방법으로 심층학

습법(deep learning)이 요구되고 있다.

딥 러닝은 넓으면서도 깊이 있게 학습하여 새로운 결과물을 산출해 낼 수 있는 능력을 길러 주고자 하는 학습방법이다.

딥 러닝의 대표적인 학습방법은 프로젝트 접근법(project approach)이다. 프로젝트 접근법은 하나의 주제를 깊이 있게 탐구하는 교수학습 방법이다.

즉 어떤 질문에 대한 해결책을 찾기 위하여 학생이 중심이 되어 스스로 자료를 찾아서 탐구하고, 토론하면서 자기 주도적으로 문제를 해결하며 심층적으로 학습하는 방법이다.

스팀(STEAM) 교육과 프로젝트 학습의 두 마리 토끼를 한 번에 잡을 수 있는 학습방법이 '스팀 프로젝트'이다.

필자는 '유아 스팀프로젝트'라는 교육 프로그램을 개발하여 여러 유치원에서 적용하고 있는데 아이들이 궁금한 문제를 스스로 찾고, 문제해결에 도움이 될 자원을 수집하여 활용하고, 실험하고 관찰하며 문제를 주도적으로 해결하고자 하는 모습을 지켜보면서 진실로 보람을 느끼며 미래인재에 대한 희망을 보고 있다.

'유아 스팀프로젝트'는 과학(S), 기술(T), 공학(E), 예술(A – 조형, 언어, 문학, 음률, 신체활동 및 게임, 요리 및 푸드 아트, 사회 등), 수학(M) 영역을 과학주제 중심으로 통합하여 프로젝트로 접근함으로써 과학 지식과 기술, 논리적 사고, 창의력, 사회기술의 융합능력을 길러주고 궁극적으로 창의적인 문제해결력의 증진을 도모한다.

주로 소집단의 협동적 활동으로 진행하기 때문에 대인관계능력과 소통 능력 또한 증가된다.

특히 실제 체험으로 과학 지식을 습득한 이후에 그 지식을 바탕으로 엔지니어링 디자인 과정을 적용하여 사고하고 설계하며 더 발전된 방향으로 산출물을 창안하고자 하는 활동과 노력을 포함한다.

창의적인 융합인재를 길러내기 위하여 '스팀 프로젝트'라는 교육프로그램을 유아들에게 진행하면서 국가경쟁력을 높일 수 있는 미래의 융합인재 양성을 꿈꾸어 본다.

창의성 증진의 진실

제4차 산업혁명으로 이 시대는 창의적인 융합인재를 요구하고 있다. 창의적인 사람은 기존의 생각과 아이디어를 재해석하고 융합하여 새롭게 창조할 수 있는 사람이다.

토런스(Torrance, 1962)에 의하면 창의력은 만 3세가 되면 급격히 발전하기 시작하여 만 4세 반까지 절정을 이루고 만 5세가 되면 발전이 급속히 둔화된다고 하였다. 즉 유아기가 창의력의 씨앗을 키우기에 얼마나 중요한 시기인지 알 수 있는 연구 결과이다. 또한 가드너(Gardner, 1983)는 창의성은 지능 같은 뇌의 활동보다는 개인의 인지과정, 성장환경, 개인적인 태도로 결정된다고 한다. 창의성은 가지고 태어난다기보다는 호기심과 열정을 가지고 지속적으로 훈련하면 후천적으로 기를 수 있음을 의미한다. 유아기 아이의 창의성 증진을 위해서는 문제해결 기술을 사용하는 경험을 통하여 기술들을 습득하고, 지속적으로 창의성을 발휘하도록 활동하며 발전시키는 일이 중요하다.

아이의 창의두뇌를 발달시키기 위한 전략을 다음과 같이 제시하고자 한다.

첫째, 아이가 스스로 좋아하는 놀이나 활동을 선택하여 몰입하게 한다.

아이가 자율적으로 선택하는 행동을 통해서 얻어지는 것은 의사결정능력, 책임성, 집중력, 자립심, 자신감 등이다. 놀이나 활동을 부모가 정하여 수동적으로 따라오게 하는 것보다는 적어도 2개 이상의 선택사항을 제시하고 아이가 선택을 하면 부모가 존중해주는 방법이다. 놀이의 지침을 따라서 해 본 후에 규칙이나 순서, 방법을 바꾸어서 하며 어떤 일이 생길지 시도해 본다. 더 재미있을 수도 있고 약간 수정이나 보완이 필요함을 발견할 수도 있다.

둘째, 창의성을 자극하는 놀이 환경을 만들어주고 불편하거나 어려운 부분, 바꾸고 싶은 부분을 발견하여 해결책에 대한 다양한 아이디어를 생각해내어서 시도해보도록 한다.

아이가 선택한 놀이나 활동에서 어려운 점, 불편한 점을 바꾸어 보는 경험을 통하여 접근할 수 있다. 문제해결에 대한 여러 가지 아이디어를 브레인스토밍으로 찾아보는 것만으로도 의미가 있다.

셋째, 정보들을 결합하여 새로운 것을 만들어내는 경험을 해보도록 한다.

겉으로 보기에는 관계가 없는 두 개의 아이디어나 사물을 결합시켜 봄으로써 새로운 결과물을 창안하는 활동을 통해 사고를 유연하게 하는 경험을 한다. 아이는 이 과정을 통하여 생각하는 힘을 키우게 된다.

문제해결과정에서 엔지니어링 디자인 과정을 경험하도록 한다. 즉 해결해야 할 문제가 보이면 먼저 관찰과 탐색으로 수정, 보완, 변경하고 싶은 부분을 분명하게 정한다. 정보들을 결합하여 구상한 것을 디자인한다. 디자인에 따라서 구성하거나 여러 가지 폐품이나 재료들을 이용하여 결과물을 만들어본다. 실행 방법을 바꾸고 싶으면 정보를 결합하여 시도해 보는 것이다. 이렇게 하여 결과가 나오면 아이가 실행한 것을 말로 설명할 기회를 준다. 문제를 해결하는 과정에서 새롭게 알게 된 것과 시도하여 변화된 점들을 말로 전달한다. 할 수 있다면 그림이나 글로 기록하는 습관을 들이면 더 좋다.

여기에 다른 사람의 아이디어나 소감을 듣고 새로운 아이디어가 떠오르면 융통성 있게 다시 수정, 보완할 기회를 갖는다. 이러한 과정이 아이에게 자연스러운 문제해결 과정으로 습관화되는 일이 무엇보다 중요하다 할 것이다.

넷째, 반복학습을 통하여 기초정보를 두뇌 속에 많이 가지고 있는 것이 중요하다.

창의성 하면 무조건 새로운 독창적인 사고를 해야 하는 것으로 생각함으로써 아이가 습득한 개념이나 지식, 즉 정보를 두뇌 속에 저장하는 일의 중요성을 간과하기 쉽다. 모래 위에 성을 지을 수 없듯이 이미 가지고 있는 정보가 창의성을 발휘하는 데 밑천이 되기 때문에 개념이나 지식의 습득을 위하여 암기와 반복학습도 필요함을 잊어서는 안 된다. 창의력을 발휘하려면 이미 갖고 있는 정보를 다른 정보와 결합하여 새로운 산물을 창안하여 만들어야 하기 때문이다. 반복학습을 통하여 관련 지식을 많이 가지고 있으면 그 지식을 바탕으로 다른 정보를 결합하여 새로운 정보를 산출할 가능성이 그만큼 높다.

다섯째, 평소에 자연, 사물, 사건, 상황 등에 대하여 느낌을 그림이나 글로 표현하며 상상력을 키운다.

어떤 활동을 직접 경험하여 정보를 축적한 후에 이야기를 꾸며내도록 하면 좌뇌와 우뇌를 함께 자극할 뿐 아니라 '뭔가 해냈다'는 성취감을 가지기에도 아주 좋다. 그림이나 사진을 보고 이야기를 꾸며내도록 하거나 '만약'을 상상하여 이야기를 지어보도록 한다.

위의 내용을 이해하기 위하여 아이들이 좋아하는 '자전거'에 대한 예를 들어보기로 한다. 아이가 자전거에 관심이 생겨 자전거 타는 놀이를 즐겨하면 자전거 타기에 그치지 않고 자전거 타면서 경험한 불편한 점, 어려운 점 등을 찾아보게 한다. 아이가 비가 오면 밖에서 자전거를 탈 수 없는 점, 사람들이 많이 붐비면 자전거를 타고 앞으로 나아가기가 어려운 점 등을 발견했을 때 그냥 지나치지 않고 그 불편함을 고친 자전거를 네가 만든다면 어떻게 하겠는지 여러 가지 아이디어를 내어보게 한다. 다양한 아이디어 중 '날아갈 수 있는 자전거'를 개발하기로 아이가 선택하였다면, 자전거와 비행기의 정보를 결합하여 '날아갈 수 있는 자전거'를 디자인(설계)하게 한다. 여러 가지 폐품이나 재료들을 준비하여 디자인에 따라서 새로운 자전거를 만들어 보고 그 결과물을 가족에게 설명하게 한다.

다른 가족 구성원들은 진지하게 경청하고 새로운 아이디어가 있을 땐 제안한다. 이 새로운 아이디어를 아이가 받아들이면 또 수정할 기회를 갖는다.

이때 부모가 할 일은 아이의 호기심과 동기가 유지되도록 관심을 가지고 지켜보며 잘하는 일에는 칭찬을 하고 부족한 부분은 격려하여 용기를 북돋아주면서 제안이나 안내를 하는 것이다. 물론 부모의 제안이나 안내를 아이가 받아들이거나 받아들이지 않는 것은 아이의 선택 사항이니 강요하면 안 된다.

일단 작은 것에서부터 시도하여 아이의 생각을 확장시켜 나아가는 힘을 길러주면 틀림없이 이 시대가 필요로 하는 창의적인 인재가 될 것이다.

물의 요술

최인숙

물과 소금이 만났는데
소금은 어디가고
왜 물만 보일까?

아하!
맛을 보니
짭짤한 소금이
물속에 녹아버렸구나.

물과 설탕이 만났는데
설탕은 어디가고
왜 물만 보일까?

아하!
맛을 보니
달달한 설탕이
물속에 녹아버렸구나.

은행나무 숲 | 53×45.5cm | 수묵채색

'다른 한 짝(The Other Pair)' 영화의 감동

이집트 룩소르 영화제에 출품하여 수상한 4분짜리 단편 영화 '다른 한 짝'을 시청하고 한동안 미동도 할 수 없이 감동의 전율이 온몸에 스며오는 것을 느꼈다.

영화의 이야기는 다음과 같다.

한 초등학생쯤 보이는 남루한 옷차림의 남자아이가 기차역을 지나다 그만 조리 슬리퍼의 끈이 떨어진다. 그 신을 신고는 더 이상 한 발도 뗄 수 없게 된 아이는 고쳐보려고 한쪽에 앉아서 슬리퍼 끈을 다시 꿰어서 신어보곤 하지만 신발 끈은 계속 떨어진다.

너무 낡아서 고칠 수도 없는 신발을 들고서 막막한 표정으로 눈을 잠시 돌리니 앞을 지나가는 또래만 한 아이의 반질반질한 검정 구두가 눈에 들어온다. 부모와 함께 여행을 가는 듯

해 보이는 그 또래 아이는 벤치에 앉아서도 반질거리는 구두를 닦고 또 닦으며 새 구두인 듯 연신 좋아한다.

이 광경을 지켜보고 있는 소년의 눈빛은 부러움이 역력하다.

부모와 함께 여행하는 모습도, 멋진 옷도, 반짝반짝 빛나는 검정 구두도 다 부럽기만 한 표정이다.

이때 기차가 역으로 들어오고 사람들은 우르르 몰려서 차를 탄다.

그 와중에 또래 아이는 검정 구두 한 짝이 벗겨진 채로 사람들에 떠밀려서 기차에 오르고 만다.

작은 소년의 눈에 길바닥에 떨어진 검정 구두 한 짝이 들어오는 순간 이내 달려가 그 구두를 들고 눈빛이 섬광처럼 빛나더니 금방 고민하는 듯 어두운 표정으로 바뀐다.

마치 '신발 한 짝이 생겼으니 됐다.' 싶었다가 자신의 것이 아니니 주인에게 돌려주어야 한다고 생각한 듯하다. 구두의 주인을 찾아 두리번거리니 그 또래 아이는 기차 문에서 내려오지도 못하고 바라만 보고 있는 게 아닌가.

그 순간 이 구두를 주인에게 돌려줘야 한다는 일념으로 구두를 들고 뛰기 시작한다. 기차도 천천히 움직이고 있다. 더 큰 힘을 다해 달려보지만 이미 기차는 속도를 내기 시작했다. 더 이상 쫓아갈 수 없음을 알아차린 소년은 있는 힘을 다해 구두를 주인에게 던진다.

구두는 주인에 미치지 못하고 길바닥에 떨어지고 만다. 구두를 잡으려고 손을 길게 뻗었지만 잡지 못한 또래 아이도 크게 실망한다.

그러나 그 또래 아이는 금방 밝은 표정으로 다른 한 짝 구두를 벗어서 소년에게 힘껏 던져준다.

자신이 떨어트린 구두를 찾아주려고 최선을 다한 그 소년에 대하여 신뢰와 감사의 마음이 백 퍼센트 생긴 모양이다. 다른 한 짝 구두까지 벗어서 던져 준 그 또래 아이의 환한 표정도 만족스럽다. 나머지 다른 한 짝의 멋진 구두를 들고 바라보는 소년은 마냥 행복하다.

나는 '다른 한 짝'을 통하여 두 번 놀라고 있다. 하나는 가슴 뭉클한 내용에 놀라고, 또 하나는 이 영화를 제작한 감독이 사라 로직(Sara Rozik)이라는 20세 청년이라는 사실에 또 놀랐다.

'어떻게 살아야 하는지!', '아이들을 어떻게 길러내야 하는지!' 명답을 찾은 듯 가슴이 밝아온다.

물질만능주의 시대에 돈이면 다인 것처럼 도의도 양심도 없이 무조건 쟁취하고 보자는 심보가 팽배한 이 시대에 한 줄기 소나기처럼 시원하고 명쾌하게 메시지를 주었다.

두 소년이 보여준 감동적인 행동은 양심과 공감력이 잘 발현된 모습이다.

양심은 선악을 판단하고 선을 명령하여 악을 물리치는 도덕의식이다. 인간은 누구나 자신의 행동이 도덕적으로 올바른지 판단할 수 있는 양심을 가지고 있으며, 양심은 좋은 결정과 나쁜 결정에 관여하여 올바른 선택에는 편안한 마음을 주고 나쁜 선택에는 가책과 부끄러움을 느끼게 하기도 한다.

양심 있는 행동은 상대로 하여금 공감력을 높여줌으로써 친절하고 이타적인 행동을 이끌어내는 힘이 있다. 또래 아이가 그토록 애착을 가졌던 구두지만 한 짝이 없어짐으로써 더 이상 필요 없게 된 나머지 한 짝을 필요한 사람에게 쾌히 내어주는 모습이 얼마나 인간적이고 감동적인가!

그러나 양심이 크게 손상을 입어 불량해지면 선악을 지각할 수 없게 되어서 나쁜 행동에도 수치심이나 죄책감을 느끼지 못할 수 있다.

선한 양심을 유지하며 인생을 산다는 것은 참 귀하고 아름다운 일이다. 그렇기에 부모들은 사랑스런 내 아이들도 선한 양심을 품고 살기를 염원한다.

이런 소망이 실현되기 위해서는 부모가 자녀의 양심교육을 위하여 약 2세경에 시작하는 훈육에서부터 애정을 바탕으로 자녀의 옳은 행동은 칭찬을 하여 증강시켜주고, 적절치 못한 행동은 통제하고 훈육하되 그 이유를 자녀가 이해할 수 있도록 분명히 설명해 주어야 한다.

또한 부모가 사회의 도덕적 규범에 따른 올바른 행동을 성실히 실행하여 자녀가 자연스럽게 모방하며 동기부여가 되도록 해야 한다.

이러한 행동을 어른마다 인내심을 가지고 실천하면 자신은 물론 아이들도 선한 양심의 향기를 풍김으로써 타인의 공감력이 확산되어 이 사회는 친사회적인 아름다운 곳이 될 것이다.

인생의 제2막을 시작하는 딸과 사위에게

인생을 크게 제1막, 제2막, 제3막으로 나누어 본다. 세상에 태어나서 부모의 보살핌을 받으며 세상을 잘 살아가는 방법을 배우고 축적하여 다음 단계의 새로운 인생을 준비하는 기간을 제1막의 인생으로 본다. 결혼과 더불어 부모로부터 정서적, 경제적으로 독립하면서 제2막의 인생은 시작된다. 너희들이 결혼하여 아이를 낳고 잘 키워서 그 아이들을 결혼과 함께 독립시키는 그 시점까지의 인생을 말하는 것이다.

제2막의 인생을 먼저 경험하며 느끼고 터득하게 된 여러 가지 생각들을 이제 제2막을 시작하게 되는 사랑하는 딸과 사위에게 전하고 싶은 마음으로 이 글을 쓰니 너희들의 창조적인 인생의 작품을 완성하는 데 참고하기 바란다.

1. 내 가정에서 나(자신)는 주체이다. 이것은 나의 의지와 창작으로 가장 멋진 가정을 조성할 수 있기도 하고 그렇지 않을 수도 있다는 뜻이다. 오케스트라의 지휘자처럼 가족의 구성원을 각각 존중하여 개성을 살리면서 조화로운 화음을 내는 아름다운 작품으로 승화될 수 있도록 내가 주체가 되어 내 가정을 창조할 수 있다. 이 얼마나 흥미롭고 살맛 나는 일인가!
2. 남편과 아내, 아버지와 어머니의 역할은 상호 협동적이며 보완적일 때 각 개인의 삶이 존중되어 개인의 발전과 행복이 되고, 안정적이고 평화로운 가정을 이룰 수 있으며, 더 나아가서는 사회와 인류를 위해서 공헌하는 일이 된다. 자신이 쳐 놓은 울타리 안에 서로를 가두지 말고 먼저 상대를 합리적인 눈으로 바라보고 배려하며 융통성 있게 사고하고 행동하여 화를 부르지 말아라.
3. 삶에 의미를 부여하며 살아라. 세상의 어떤 잣대로도 측정할 수 없는 행복과 자존감으로 풍요해질 수 있다. 현대에 끝없이 부각되고 있어서 참행복에 그늘을 드리우는 것이 돈이다. 없으면 불편하고 있으면 편리하여 잠시 행복을 느끼게 해주는 긍정적인 면이 있는

것도 사실이다. 그러나 한없이 욕심을 부리면 행복은 커녕 늘 부족함으로 만족스럽지 못한 인생으로 전락하게 되기도 한다. 돈이란 행복과 비례되는 것은 아닌 것 같다. 노력하면 필요한 만큼 채워진다. 돈을 바라보는 눈을 지혜롭게 뜨고 돈의 노예가 되지 않고 행복하고 의미 있는 삶을 이루기 위한 수단으로 활용하여 스스로 행복을 창조하여라. 자신은 물론 주변 사람들에게도 행복 바이러스가 될 것이다.

4. 실타래가 얽히듯 진퇴양난으로 사면초가라는 느낌이 들 때는 가장 단순하게 '善'에 근본을 두고 풀어라. 이 '善'을 위해서 다 놓아야 할 때도 있을 것인데 이 길이 가장 지름길일 수 있다. 이런 경우에 욕심이 개입되면 문제는 풀리지 않으며 더 큰 죄를 낳게 되고 결국에는 파멸을 초래할 수 있다.
5. 인생은 어떠한 슬픔도, 아픔도, 고통도, 분노도 지나고 보면 별것 아니며 슬기롭게 극복했을 때는 아름다운 추억일 뿐이다. 인생은 사건의 연속이기 때문에 늘 기쁘고 행복한 일만 있는 것은 아니다. 가정에서, 직장에서, 사회에서 고통스런 일도 많이 겪게 된다. 잠시만 놀라고 당황한 다음 곧 정신을 차리고 지혜로

운 아이디어를 찾으려고 노력해라. 그러면 길이 보인다. "구하면 구해질 것이요, 두드리면 열릴 것이요. 찾으면 찾아질 것이다."라는 진리를 믿어라.

6. 원하는 것을 이루고자 할 경우에는 때가 되어야 가질 수 있으니 노력하고 기도하며 기다릴 줄 알아야 한다. 씨앗을 심고, 가꾸어 꽃봉오리를 맺고 피기까지 긴 시간과 많은 수고를 요한다. 씨앗이 발아하면 햇빛, 물, 공기, 영양분을 주어서 정성스럽게 가꾸어야 꽃봉오리가 맺어지고, 꽃봉오리가 생기면 금방 꽃을 볼 것 같지만 아직도 기다림이 필요하다. 그 꽃봉오리는 가만히 있는 것 같지만 속에서 끊임없이 일을 하여 때가 되었을 때 비로소 툭툭 꽃잎이 열리고 아름다운 한 송이 꽃으로 피어난다. 나태한 것은 당연히 바람직하지 않지만 너무 성급한 것도 독이 될 수 있다. 기다림이 부족하여 다 된 꽃봉오리를 강제로 열면 무엇이 되겠는가? 노력한다는 것은 이루는 과정이 충실한 것이고, 기도한다는 것은 겸손을 뜻하기 때문에 그 자체가 하루하루를 의미 있게 사는 방법이고 과정이니 때가 되면 보람 있는 산물이 선물로 다가올 것이고 미치지 못하더라도 결과적으로 의미 있

는 삶이 되는 것이다. 이것이 매사 끝까지 노력하며 때를 기다려야 하는 이유이다.

7. 평화를 위하여 시간, 돈 그리고 에너지를 써서 노력하여라. 늘 너희 마음에, 가정에, 직장에, 동료, 친구에게 평화의 향기를 내는 주체이기를 희망한다. 칭찬과 격려와 배려와 사랑이 언제나 함께하는 평화롭고 멋진 너희 가정을 일구도록 기원한다.

이 글은 제2막을 시작하는 사랑하는 딸과 사위에게 전하고 싶은 나의 메시지이다. 이미 시작되고 있는 인생의 제2막을 아름답게 창조하기 바라는 마음으로 전하니 가슴에 새겨서 자신의 생각과 융합하여 나올 때는 더 멋지고 잘 실천할 수 있는 자신의 귀한 철학이 되기를 바란다.

제3막의 인생은 모두 결혼시키고 나머지 인생을 잘 설계하여 살아본 다음에 또 말해줄게. 내 사랑스런 아이들을 키우며 행복한 제2막의 인생을 살았으니 나의 제3막 인생은 감사하는 마음을 담아서 다른 곳, 그늘진 곳을 둘러보며 힘이 되어줄 수 있는 일을 찾아보련다.

2014년 12월 21일

사랑하는 딸과 사위에게 엄마가

성년기의 딸과 엄마

성년기라 하면 28세부터 약 39세까지를 말한다.

부모의 그늘에서 벗어나 사회의 큰 시장으로 나가서 경쟁하며 생존해야 하는 연령이다.

이들이 해결해야 할 과업은 결혼, 직장의 선택, 출산, 자녀 양육, 직업적 발전 등 인생의 중반부를 시작하고 발전해야 하는 점에서 만만치 않은 시기이다.

이 시기 자녀의 부모는 중년기에서 노년기로 접어든다.

30을 갓 넘은 성년기의 딸이 방학을 맞아 2개월 된 아기를 안고 친정에 왔다. 딸은 아직 대학원에서 공부 중이라 공부도 해야 하고 아기도 키워야 한다. 친정 엄마로서 최선을 다하여 약 2개월 보름 동안 도움을 주기로 단단히 마음먹었다.

그런데 성년이 된 딸과 긴 시간을 함께 보내야 하는 일이

은근히 걱정이 되기도 하였다.

주변의 여러 사람들이 성년기에 있는 딸, 며느리와 자녀양육 및 교육의 문제, 생활습관의 문제, 소비의 문제, 가치관의 차이 등으로 갈등 속에서 힘들어하는 모습을 보았기 때문이다.

나 또한 청년기까지는 엄마가 얘기하면 언제나 "네, 엄마." 하던 딸이 성년기에 들어서면서 "엄마, 그건~~. 제 생각은요~~." 하며 강하게 반론을 제기하여 당황하고, 대화로 풀리지 않아서 갈등을 겪었던 경험이 두어 번 있던 터라 신중하게 맞이하고 이 시기에 맞는 부모의 역할을 정리하여 새로운 관계 형성을 이루어보기로 마음먹었다.

우선 내 생각과 다른 상황이 생기면 무조건 한발 뒤로 물러서서 사실을 알아보고 검토한 후에 내 의견을 정리해서 조용히 대화하는 것을 원칙으로 삼았다.

가장 먼저 만난 사건은 우리 집에 오자마자 온도계를 탁자 위에 놓고 아기 방 온도를 22~23℃를 유지해야 아기에게 열꽃이 생기지 않는다고 한 일이었다.

5월 마지막 주이고 우리 집은 앞뒤 바람이 잘 통하는 고층이어서 아주 시원하고 쾌적한 온도이지만 22~23℃를 유지하려면 에어컨을 켜야 했다. 나는 긴 옷을 다시 꺼내 입고 밤에는 겨울 이불을 덮고 잠을 잤다. 그런 온도에서 짧은 바디 슈

트만 입고 잠을 자는 아기를 보며 걱정이 되었다.

내가 아기를 키울 때는 수건으로 꽁꽁 싸서 따뜻한 방에서 키웠던 일을 생각하니 뭔가 크게 잘못하고 있는 게 아닌가 하는 생각이 들었다.

"그렇게 하면 이 아기는 집을 떠나서는 살 수 없게 된다."라고 반론을 제기하고 싶었지만 일단 의사의 지침이라 하여 존중하면서 산후조리원을 운영하는 의사 선생님께 다시 확인해보니 "태아 적 양수의 온도가 낮기 때문에 그게 맞다."라고 한다.

그 순간 참기를 참 잘했다고 생각하였다. 그 후 한발 뒤로 물러서서 지켜보는 일이 훨씬 쉬워졌다.

시간이 흘러갈수록 딸은 많은 능력을 갖추었고 강점이 많다는 것을 알게 되었다.

지켜보며 알게 된 강점을 열거하자면, 신체적 건강상태와 힘, 결정성 지능(Crystallized intelligence: 일상생활의 경험과 문화적 영향을 통해서 얻게 되는 지능), 정보력, 문제해결력, 추진력, 적응력 등에서 기대 이상으로 효율적이다.

이러한 특징은 딸만의 강점이라기보다는 일반인이면 대부분 성년기에서 최고에 달하는 발달특징들이다. 많은 부모들은 이론적으로 알고 있음에도 불구하고 내 자녀이기 때문에 인정하지 않고 계속 가르쳐야 한다는 생각에 빠짐으로써 갈등을 유발한다.

딸에게 고백하여 힘을 실어주고 책임감이 있는 건강한 성인으로 성숙할 기회를 만들어보기로 했다.

그동안 발견한 딸의 강점과 능력들을 조목조목 열거하며 인정하고, 감동하고, 칭찬했다.

그러면서 조심스럽게 부탁도 빠뜨리지 않았다.

"딸아, 이제 엄마는 너를 이길 생각이 없고 이길 힘도 없어! 그러니 엄마를 이기려고 하지 말고 배려하고 존중해주면 좋겠다. 내가 너를 이기려고 하지 않는데 네가 엄마를 굳이 이기려고 소리를 날카롭게 높여서 말할 필요가 없다."

그 후 딸은 더 성숙한 모습을 보이고 엄마는 참 편안해졌다.

그리고 주변에서 일어나는 일들은 평화롭게 흘러갔다. 성년기 자녀에 대한 부모의 역할을 실제로 경험하며 중요한 의미와 방법을 터득하게 된 기회이다.

그렇다고 성년기 자녀의 생각과 행동이 모두 완전하다는 것은 아니다. 분명히 더 배워야 하는 것들이 있다. 그러나 이 시기는 가르치는 방법보다는 느끼게 하는 방법이 더 좋다고 생각한다.

가르치는 방법은 직설적이고 신속하지만 효과가 없을 뿐 아니라 부작용을 낳기도 한다.

반면 느끼게 하는 방법은 간접적이고 느리지만 효과가 있고 부작용이 없다. 처음엔 꼭 22~23℃를 유지해야 한다고 생각했던 딸도 주변 환경에 적응해야 하는 문제에 대하여 대화하고, 느끼고 깨달음으로써 나중엔 더 높은 온도에서 아기가 적응하도록 스스로 서서히 현실적으로 온도 문제를 해결하였다.

자의식이 강한 성년기에는 서둘지 말고 느끼게 하는 방법이 더 효과 있다고 보는 한 예이다.

이 시기의 자녀는 가정적, 사회적, 직업적으로 중심에서 일을 해야 하는 시기이기 때문에, 부모는 오히려 자녀를 인정하고 존중하여 더 발전할 수 있도록 배려해야 한다. 가정을 비롯하여 사회, 국가, 인류의 성장을 위하여 마음껏 역량을 펼칠 수 있도록 용기와 자신감을 갖도록 해야 한다.

성년기의 이러한 부모역할은 단순히 딸에게만 적용되는 것이 아니라 며느리, 아들, 사위 등 모두에게 해당된다.

부모의 지혜로운 역할로 젊은 성년의 자녀들이 이 사회를 살맛 나는 평화로운 곳으로 가꾸어나가기를 기대한다.

세발자전거

최인숙

바퀴가
세 개인 세발자전거

바퀴마다
가고 싶은 곳이 다르면
어떻게 될까

우리 서로
욕심내지 말고

앞바퀴 존중하며
즐겁게 여행하자

버들잎 사이로 | 53.0 × 45.5cm | 염색천에 채색

제2부 성장하는 부모

Parenting은 인생 최고의 선물

우리나라는 현재 OECD는 물론 세계 전체 국가 중에서도 출산율이 최하위이다.

저출산에 대한 주요 원인은 경제적인 문제, 양육환경, 여유 있는 개인적 삶이라고 한다.

어떤 이유에도 불구하고 Parenting은 인생에서 그 무엇과도 비교될 수 없는 최고의 선물이자 행복이다.

Parenting을 번역하자면 부모역할, 부모 됨, 육아 등으로 말할 수 있다.

Parenting의 궁극적인 목적은 좁게는 자녀가 적기에 정서적, 물질적으로 독립할 수 있도록 양육과 교육하는 일이다. 이러한 의미의 Parenting이 인생 최고의 선물인 이유는 바로 여러 가지 매력적인 요소가 있기 때문이다.

먼저 이 세상에 단 하나밖에 없는 인간을 창조하고 한 인물로 길러내는 일이다. 지구상에 존재하는 그 많은 사람 중에 온전히 똑같은 사람이 한 쌍이라도 있던가!

한 인간이 창조되는 근원적인 힘은 부모가 가진 유전인자와 아이가 접하는 환경이다.

그리하여 영리한 젊은 부모들은 '아키텍키즈'라는 신조어까지 만들어내며 임신부터 태교, 출산, 육아를 전략적으로 계획하여 체계적 · 과학적으로 자녀를 생산, 양육, 교육함으로써 계획한 인물을 길러내고자 한다.

부모역할은 인생에서 가장 의미 있고 가치 있는 창조 활동인 것이다.

Parenting에서 느낄 수 있는 감정은 이 세상에 존재하는 어떤 감정보다 더 오묘하고 깊다. 인간의 감정은 크게 희(喜), 노(怒), 애(哀), 락(樂)으로 나눌 수 있다. 인간관계에서 매일 수시로 느끼는 기본적인 감정의 예이다.

그런데 부모-자녀 간에는 자식이 아니면 죽었다 깨어나도 그 경지까지 느껴볼 수 없는 깊이 있는 감정을 느끼게 된다는 것이다. 이 또한 얼마나 큰 축복인가!

많은 사랑이 있지만 아낌없이 내 것 다 주고도 더 주고 싶은 존재가 있다는 것은 가장 깊이 있는 사랑의 감정이다.

육아를 위하여 경력단절을 무릅쓰고 직장을 그만두는 부모, 최선의 부양을 위하여 야근과 주말 근무 등의 과도한 노동에 시달리면서도 기쁘게 일하는 부모, 당장 먹고 싶고 갖고 싶은 것이 있어도 기꺼이 참으며 자녀를 위하여 지출하고 행복해하는 부모, 이것이 우리 부모들의 아름다운 모습이다.

자식에게 얽힌 아픔, 슬픔, 노여움, 기쁨…. 어느 것 하나 빼놓을 수 없이 다른 대상과는 비교할 수 없는 한층 더 깊고 오묘한 감정이 존재함을 느끼게 된다. 아이 또한 그 부모에게 무한한 사랑과 신뢰를 주지 않던가!

이렇게 온전한 사랑을 지속적으로 할 수 있는 대상이 자식 말고 무엇이 있을까?

인간은 누구나 이 세상을 끝내야 하는 날이 있다. Parenting을 보람 있게 수행한 사람은 생을 마감하는 날 가장 안정감 있는 평화를 느낄 것이다.

마치 자신이 해야 할 일을 멋지게 완수하고 수고함을 보상이라도 받은 양 편안함 속에서 두려움 없이 눈을 감을 수 있을 것이다. 교양강연에서 대학생들에게 자신의 중간평가에 대하여 질문을 한 적이 있다. 오래전에 과거가 된 초등학교, 중학교 시절을 기억해보기로 했다.

후회되는 점이 무엇인가? 좀 더 많이 놀고, 먹고, 늘어지게 잠자고, 쉽고 재미있는 일만 골라서 했으면 좋았을 텐데 그러지 못한 것이 후회스러운가?

아니면 좀 더 성실하게 노력하지 않고, 어려운 일은 시작도 안 했으며, 힘든 일은 쉽게 포기한 것 등이 후회스러운가?

이 질문에 대하여 대학생들은 갑자기 숙연한 표정으로 생각을 하는 듯했다. 말로 표현하고, 고개를 끄덕이며 의사표현을 해 준 학생들은 후자가 후회스럽다고 하였다. 아마 침묵을 지키고 있었던 학생들도 심각한 표정을 보면 후자였으리라고 짐작한다.

하물며 생을 마감하는 날 더 많이 놀고, 먹고, 자고, 자신이 하고 싶은 쉬운 일만 했어야 했는데 그러지 못한 삶에 대하여 후회할까?

자녀의 양육과 교육을 위하여 그토록 힘들고 어려웠던 상황들을 인내하며 인물로 길러낸 업적을 후회할까?

태어나는 날이 있으면 시간과 세월은 유수와 같이 흘러가게 되어 있고 언젠가는 죽게 되는 날이 있는 게 불변의 진리이다. 나를 닮아서 세상에 나와 특별한 감정을 느끼게 하는 내 아이를 스스로 행복하고 사회와 국가에 공헌할 수 있는 인물로 길러내는 일이라면 내 인생을 걸어도 후회하지 않을 자신이 있는 것이 Parenting이다.

노력한 만큼 결과가 있는 일이기에 보람과 행복 또한 크다.

Parenting의 길은 쉽고 잘 닦여진 꽃길이 아니다. 그래서 많은 사람들이 독신으로 살기를 결심하고, 결혼은 해도 아기는 낳지 않으며, 한 아이 이상은 키우려 하지 않는 사람이 증가하고 있는지도 모른다.

Parenting을 위해서는 희생도 아름답게 받아들이는 마음가짐은 물론 육아에 대한 공부도 절실히 요구된다.

자녀와 부모의 공동행복이 전제되어야 하기 때문에 자녀와 행복한 관계를 형성하고 유지하는 일이 중요하다.

지혜롭고 효과적인 소통기술을 터득해야 하는 것이 기본이다.

자녀의 감정을 수용하고 공감해주는 기술, 부모의 마음을 효과적으로 표현하는 기술, 자녀의 욕구를 인정하고 존중하는 기술, 자녀의 다른 생각을 받아들이는 기술 등이 소통하기 위해서 필요한 기본 항목들이다.

부모역할은 자녀의 발달뿐 아니라 부모 자신의 발달에도 중요하다.

Parenting은 자녀 양육만이 아니라 부모 자신의 소질이나 취미를 살려서 효능을 발휘하며 스스로 만족하고 의미 있는 삶을 잘 살아가는 모습을 자녀가 자연스럽게 보고 배우도록 하는 것을 포함한다.

단순함의 맛

불확실한 시대를 살고 있는 현대인은 하루하루가 힘들고 벅차다고 한다.

청소년들은 밤낮으로 공부하느라 시간이 없고 힘들다고 하고, 청 · 장년들은 대학을 졸업해도 직업이 없어 방황하며 결혼과 독립에 차질이 생겨 당황한다. 학부모들은 자식의 양육과 교육으로 허리가 휜다고 하며, 장년 부모들은 자녀의 결혼과 독립의 문제가 원만히 해결되지 않아서 밤잠을 설치고 있다.

자녀를 모두 결혼시키고 이제야 한숨을 돌리는 보람을 만끽해야 할 노인들은 빈털터리로 남아 아프고 외롭다고 한다. 모든 층에서 고단함이 느껴지는 삶의 모습이다.

OECD 국가 중 우리나라가 자살률이 가장 높다는 통계자료를 보면 우리들의 삶이 얼마나 버거운지 알 수 있다.

어떤 해결책이 있을까? 세상을 복잡하게 사느라 지쳐있는 현대인들에게 단순함에서 답을 찾아보자고 제안한다. 단순함은 부족함이 아니라 만족함의 정점에 있는 편안함이요, 아름다움이다.

단순함은 심리적, 물질적, 정서적인 면과 관련하여 다음과 같이 생각해 볼 수 있을 것이다.

첫째, 심리적인 단순함은 정직함이다. 자신의 욕심으로 감추고 싶은 부분이 생기는 순간 복잡하게 엮일 거미줄 하나가 만들어지는 법이다.

하나의 거짓은 또 하나의 거짓을 낳고, 거짓이 거미줄처럼 엉키면 큰 사고와 사건으로 이어진다.

처음에 용기를 내어 정직했다면 불행은 거기에서 끝나고 뒷마음은 평화로울 것이다.

공부, 친구 사귀기, 직업, 일, 타인과 관계 맺기, 재산 불리기 등에서 자신을 정직하게 바라보고 정직하게 표현하는 일이 중요하다.

둘째, 물질적인 단순함은 자신감이다. 집집마다 옷장에 옷이 가득 있고, 냉장고에 있는 음식들이 상해 나가도 만족을 못 느끼며 새 옷을 필요로 하고 더 맛있는 먹을 것들을 찾는다.

매일 쓰레기가 넘쳐나도 사람들은 모자란다고 아우성이다. 갈수록 비만인은 늘어가고, 가진 게 적지 않으면서도 상대적인 박탈감으로 생을 스스로 마감하는 사람들이 늘고 있다.

하루하루 의미를 부여하며 삶을 멋지게 만드는 일에 그렇게 많은 옷도, 먹을 것도, 가구도, 물건도, 명품도 필요하지 않다는 것을 자연스럽게 깨닫는 길은 자신감이다.

필요한 것을 필요한 만큼만 사용하고 있으면서 전혀 불편함이 없고, 부족하다고 느끼지 않으며, 즐겁게 사는 사람은 자신의 삶에 자신감이 있는 사람이다.

작은 것이라도 다른 사람들에게 보여주기 위한 허세의 생활을 초월하는 삶이 여기에 해당된다.

그러기 위해서는 자신의 삶을 잘 관리하여 가치 있는 브랜드로 만들어서 자신과 타인을 귀하게 여기며 인생을 의미 있는 삶으로 바라보는 일이 중요하다.

셋째, 정서적인 단순함은 선(善)이다. 인간의 정서는 크게 희(喜), 노(怒), 애(哀), 락(樂)으로 나눈다.

선은 도덕적 기준에 맞는 올바르고 착한 행위를 말한다. 자신의 감정을 조절하지 못하여 화내고, 억울해하고, 슬퍼하고, 불안해하고 있지는 않는가?

선한 사람은 자신의 희, 노, 애, 락을 정직하게 표현하고,

사색하고, 기도하며 다른 사람의 희, 노, 애, 락에는 공감하여 표현하고 도움이 되는 일을 찾아서 실천한다.

위에서 말한 정직, 자신감, 선은 함께 융합하여 작용할 때 새롭고 멋진 내가 만들어진다.

솔직하게 말하고, 자신감 있게 행동하고, 선한 생각을 실행하는 사람은 참으로 하루하루를 맛있게 사는 사람으로서 삶에서 단순함을 운영할 줄 아는 사람이다.

이런 사람이 행복 바이러스처럼 가족과 사회와 인류를 행복하게 해 주는 사람이다.

화를 다스리며 올라가는 품격

사람이 느끼는 여러 가지 감정 중에 때와 장소를 가리지 않고 불쑥 나타날 수 있는 것이 분노 또는 화(火)이다.

화는 가족, 직장 관계자들, 친구와 지인, 심지어는 모르는 타인에 의해서도 욕구가 좌절되거나 생각이 다름으로써 일어나는 감정이다.

어떤 사람은 병을 키우지 않으려면 화를 표출해야 한다고 하고, 어떤 이는 참는 것이 현명하다고 말한다.

현대인에게 늘 따라다니며 고통을 주는 이 정서에 대하여 철학자, 심리학자, 종교인들은 저마다 다양하게 화를 다스리는 해법을 제시하며 도우려 하고 있다.

오랜 기간 동안 '화'라는 감정과 함께 살면서 사용해 온 화를 다스리는 방법을 다시 공부하는 마음으로 조심스럽게 되짚어 보려 한다.

화를 다스린다는 것은 화를 표출하는 것도 아니요, 화를 참는 것도 아니다. '훅' 치밀어 오르는 분노가 평정심으로 바뀌기까지는 분노하기, 근원을 되돌아보기, 재해석하기, 평정심을 되찾기의 단계로 진행된다.

'화'가 나는 이유는 일이 뜻대로 되지 않기 때문이다.

하루면 몇 번이라도 크고 작은 화가 치밀어 오르기도 한다.

그중 가장 심각하게 화를 불러일으키는 대상은 가족과 직장 관계자일 수 있다.

그만큼 가장 가까이에서 많이 교류하면서 성격이 다른 그들과 서로 욕구나 가치관이 충돌하기 때문이다.

그때마다 화풀이를 한다면 그 관계가 어떻게 되겠는가?

화가 치밀어 오르는 그 순간에 화를 표출하는 것은 절대로 삼가야 한다.

회복이 어렵게 되거나 불가능하게 만들 수 있으며 곧 후회를 해도 소용없게 되기 십상이기 때문이다.

심호흡을 하면서 일단 다시 생각해보자고 사랑하고 아끼는 자신을 다독이며 제안하는 것이 필요하다.

그렇게 잠시 시간이 지나기만 해도 작은 화들은 자연스럽게 사그라지기도 한다. 아직도 화가 내 안에 머물러 있다면 무엇이 문제인지 근원을 따져본다.

먼저 화에는 자신이 하고자 하는 욕구가 반드시 개입되어 있음을 자각하는 것이 중요하다.

세상에서 일어나는 대부분의 현상은 인과관계가 있기 때문에 반드시 자기성찰이 요구될 때도 많다.

이 단계가 중요한 이유는 해결의 열쇠가 바로 그곳에 있기 때문이다. 이 단계 없이 해결하려 하면 풀리지 않거나 더 얽혀서 회복하기 어려워진다.

근원을 되돌아보는 일은 한 걸음 물러서서 자신의 마음을 객관적으로 들여다보고자 하는 것이다.

자기 성찰을 통하여 '내가 옳고 상대방은 틀렸다.'라는 생각만을 고집하고 있지는 않는지? 상대방에게도 욕구와 입장이 있음을 무시하고 있지는 않는지? 꼭 그것이 아니면 안 되는지? 등을 살펴본다.

내 욕구만 채우고 상대의 욕구는 피해를 보는 선에서는 절대로 해결되지 않고 악순환을 불러일으키기 때문이다.

그러나 상대가 자신의 욕구만을 채우려고 한다면 내가 지금 어떤 이유로 화가 나서 고통스러운지 나의 마음을 분명하고 침착하게 전하여 이해시키려고 노력해야 한다.

그래도 상대가 이해하려 하지 않고 자신의 입장만 고집하면 그것은 내 선을 벗어난 상황이다.

그 일이 내 인생을 바꾸어 놓을 정도로 중요하고 큰일인가 따져보고 판단해야 할 때도 있다.

만일 상대가 사생결단하고 달려들면 나는 손해를 입더라도 통 크게 주어버린다. 상대의 절실함이 그만큼 크다는 것을 받아들일 때이다.

때에 따라서는 가치관의 차이에서 오는 충돌인지도 따져본다.

가치관의 충돌은 다름을 인정함으로써 실마리가 풀리는 갈등이기 때문이다.

욕구의 문제이거나 가치관의 차이에서 오는 갈등으로 풀리지 않고 자꾸 꼬임으로써 해결이 안 되고 화가 끓어오를 때는 기도가 힘이 된다. 내가 상대의 부정적인 선택과 인격까지 책임질 수는 없기 때문이다.

그러나 대부분 근원을 되돌아보며 자신의 입장과 상대의 입장을 알아차리게 되면 재해석이 필연적으로 따라온다.

재해석은 분노 조절을 넘어서 너도 좋고 나도 좋은 답을 얻게 해준다.

이쯤 되면 화는 이미 사그라들었기 때문에 마음의 평정심을 찾고 긍정적인 에너지의 발산으로 선을 기본으로 하는 가장 합리적인 해결방법이 보이게 된다.

이와 같이 앞의 단계를 잘 소화하면 마침내 평온한 마음으로 돌아간다. 화를 다스리고 나면 오히려 화가 평화와 기쁨이 되고 자존감이 커지는 것을 느낄 수 있다.

자신의 품격은 또 한 단계 향상되고 있음이다.

올챙이의 꿈

최인숙

물풀 제치고
헤엄치며
개구리 형아들과
숨바꼭질 하다가

풀섶에서
바위틈에서
폴짝폴짝 뛰어나와
사라지는 개구리 형아들

나도
개구리 형아 따라서
저쪽 또랑
놀러가고 싶다.

여름 | 65.5×40.cm | 수묵채색

아버지와 나눈 마지막 대화

친정아버지는 몇 년 전 낙상으로 인한 대퇴골 부상으로 입원하였으나 그 후 폐렴으로 83세 겨울에 돌아가셨다.

우리 형제들은 약 석 달 동안 돌아가면서 요일마다 밤을 지새우며 간병을 하였다. 아버지가 영면하시기 한 달쯤 전 병원에서의 일이다. 평소에 말씀을 많이 하지 않으시던 아버지가 먼저 말문을 여신다.

"참 허망하다!" 갑자기 아버지가 삶을 후회하시나 싶어서 가슴이 쿵! 내려앉는다.

"아버지, 후회스러우세요?", "아니, 그렇게 안 혀도 되었고만…."

이 말씀엔 두 가지의 깊은 의미가 내포되어 있음을 직감적으로 느낄 수 있었다.

우선 자식들을 잘 가르치려고 열심히 일해서 가르치고 결혼까지 시키고도 재산이 이만큼 남아 있는 걸 보면 그렇게 악착같이 일하지 않아도 되었다고 보는 듯했다.

또한 아버지는 최씨 문중의 회장님으로 불려질 만큼 친지와 이웃들에게 많이 베푸셨지만 때로는 거절한 것이 있었다면 '그 또한 좀 더 나누어도 되지 않았나!' 하는 생각을 하신 것 같다.

나도 모르게 아버지의 인생이 얼마나 값진 삶이었는지 말하기 시작했다.

"아버지, 아버지께서 저희를 잘 키워주셔서 아버지 덕분에 오늘날 저희가 잘 살고 있어요. 그래서 아버지께 참 감사해요. 저와 동생들도 아버지를 닮아서 일을 많이 해요. 일이 눈에 보이거든요."

나는 맏딸로서 나머지 동생들이 각자 자기 영역에서 어떻게 잘 살고 있는지 동생들의 이름을 하나하나 불러가며 설명해드렸다.

"아버지, 손주들에게도 할아버지가 얼마나 훌륭하게 사셨는지 조목조목 이야기해 줄 거예요. 할아버지의 좋은 점을 닮아서 너희들도 잘 할 수 있다고 타고난 우월성을 전하며 용기를 불어넣어 줄 거예요. 이 모든 것이 다 아버지 덕분이에요. 아버지, 저희는 아버지께 얼마나 감사한지 몰라요."

아버지는 아무 말씀 없이 다 들으셨다. 인생이 허망하다고 말씀은 하셨지만 반론을 제기하지 않으시는 걸 보면 내 말에 보람을 느끼시고 후회할 일이 아니라고 생각하시는 듯했다.

그렇지 않다면 "내가 살아보니까 그렇게까지 고생스럽게 일을 많이 할 필요는 없더라. 너희들은 그렇게 살지 말아라." 라고 하셨을 것이다.

내 말을 다 들으신 후 아버지는 얼굴이 밝아지셨다. 나에게 전화를 돌리게 하여 큰아버지, 작은아버지, 고모, 지인들에게 일일이 전화로 밝게 이야기를 나누셨다.

평소에 형님을 많이 의지하셨는지 세 번이나 통화를 하신다.

"형, 내가 또 전화했어. 심심해서…."

이런 모습의 아버지는 본 적도, 상상도 해본 적이 없다. 마치 귀여운 까까머리 중학생처럼 익살스럽기까지 한 모습이다. 목소리가 하도 밝고 또렷하니 아버지 형제분들은 곧 퇴원해도 되겠다며 참 좋아하신다. 내가 보기에도 다 나은 것처럼 좋아 보인다.

"아버지, 따뜻한 봄이 되면 아버지가 보고 싶은 분들을 다 초대하여 식사 한번 잘 모실게요." 하니 "응, 좋아!" 하신다.

그런데 바로 며칠 후 갑자기 중환자실로 가셨다가 얼마 되지 않아서 세상을 떠나셨다. 아버지와의 이 대화가 마지막이 되리라고는 짐작도 못했지만 언제든 생각하고 또 생각해봐도 아버지께 보석과 같은 선물이 되었을 것 같아 오묘한 수증기처럼 뜨겁게 가슴을 달군다.

보고 싶은 내 아버지!

아버지의 인생을 파노라마처럼 상기하며 내 삶을 반추해본다. 아버지는 내가 하고자 하는 것은 무엇이든 반대하지 않고 지원해 주셨다. 철이 들면서부터는 나 스스로 아버지께 거절당하는 일을 만들지 않으려고 신중하게 결정하고 조심스럽게 지원을 요청했으며 신뢰를 깨지 않으려고 노력했다.

아버지는 무에서 유를 창조하는 삶을 사셨다.

우리 형제들은 아버지 얘기를 할 때면, "아버지는 요즘 정부와 사회에서 부각되고 있는 창조경제를 일찍이 농 · 축산업에서 실천하셨다."라고 말하곤 한다.

경제학 박사, 교수인 둘째 아들이 아버지의 삶에 대하여 논리적으로 주장하면 나머지 형제들은 "응, 맞아!" 하며 맞장구를 친다.

아버지는 다른 사람으로부터 하나를 받으면 반드시 그 이상을 주는 분이었다. 주는 것에는 익숙하셨지만 받는 것은 그리 좋아하지 않으셨다. 아버지로부터 배운 많은 것들을 잘 실천하며 살아야겠다고 다짐해본다.

보고 싶은 아버지!

5월 8일은 어버이날이다. 빨간 카네이션을 가슴에 달아드리면 하루 종일 달고 다니시며 행복해 하셨는데 이제는 그리할 수 없어서 가슴이 아프다.

아버지의 삶이 우리에게 값진 밑거름이 되었듯이 나도 인생을 후세의 밑거름으로 즐겁게 내어 놓겠다는 생각을 해보며 이젠 부디 평안한 곳에서 영원한 안식을 누리시기를 오월에 기도해 본다.

동행의 행복

중학교 때 국어 선생님이셨던 여류시인 박지연 선생님을 시내에서 우연히 만난 지도 벌써 20여 년이 된다.

인연이 깊었었는지 그냥 스쳐 지나가지 않고 평생 함께 더불어 살아가고 있는 우리!

오롯이 내 편인 이모와 같은 선생님의 따뜻한 배려가 나를 지금까지 묶어두지 않았나 싶다.

선생님은 많은 제자를 보내고 있는 나에게 스승의 역할이 무엇인지 경험적으로 알게 해 주신 분이시다.

우리 선생님은 여전히 나를 발전하는 길로 안내해야 하는 의무감을 가지고 계신 듯 좋은 기회를 만들어 주기 위해서 참 애쓰신다.

좋은 글 쓰도록 격려하는 일, 의미 있는 모임에서 활동하도록 추천하는 일 등 선생님으로부터 받는 선물은 끊임이 없다.

만남이 의미 있고 잘 유지되기 위해서는 동반상승으로 조화로운 발전이 있어야 한다는 말씀을 자주 하시며 실천하신다.

무엇보다도 글을 쓰고 싶다는 마음만 움켜쥐고 있던 나에게 글을 쓰도록 독려하고 격려해 주신 덕분에 지금은 글 쓰는 일을 즐기게 되었다.

가끔씩 선생님과 함께 고즈넉한 산길의 초록빛 나무들이 서로 어우러져 건강하게 변화되어 가는 풍광을 음미하며 드라이브하는 시간은 일상의 복잡하고 분주한 패턴에서 벗어나 망중한을 즐길 수 있는 생활의 청량제이다.

때로는 힘들다고, 슬프다고, 억울하다고, 속상하다고 마음 놓고 말해도 무조건 받아주시며 백 퍼센트 내 편이 되어 주시니 슬그머니 해독이 되어 풀어지곤 한다.

언제부터인가 선생님과의 동행은 나의 삶에서 떼어놓을 수 없는 귀한 행복의 끈이 되어 있다.

앞서가시는 삶에서 부딪치고 경험하며 알게 된 지혜와 생각들을 진솔하게 전해주시는 말씀 하나하나에서 미래를 어떻게 대비해야 하는지 깨닫게 해주신다.

나이를 먹어가며 당황하지 않고 아름답게 적응하고 대처할 수 있는 지혜를 잘 배우고 있다.

선생님의 시비가 세워졌다는 소식을 듣고 따뜻한 봄날 시비를 보기 위해 그곳으로 소풍을 갔다.

선생님을 모시고 가는 길에 나의 제자인 마음이 따뜻하고 다재다능한 파란나무 유치원 원장도 함께하였다.

나를 중심으로 열 살 많은 선생님과 열 살 아래인 제자가 함께 소풍 길에 오른 것이다.

모두 바쁜 일상을 잠시 뒤로하고 설레는 마음으로 중간에서 선생님에게는 손녀인 제자와 만나 함께 소풍 가는 모습은 들떠있는 아이들처럼 무조건 즐거웠다.

입석갑문을 통과하는 구불길-미소길가의 '옴서 감서 쉼터'에 선생님의 시비가 앙증맞게 예쁜 모습으로 세워져 있다.

시비에 다가서니 가슴에 뭉클한 감동이 잔잔하게 밀려온다.

저문 날의 생각

박지연

저문 날 물가에 앉아
추억을 찾아낸다
생각도 하나하나
낚아서 챙겨놓고
구름도 바람도 듬뿍
한 망태기에 담아야지

늦도록 잊고 산 사람
바람처럼 찾아오면
그 무슨 그리움 하나
등불처럼 걸어놓고
강물은 추억으로 넘치거라
바람으로 울거라

황량한 들녘 아래로 조용히 흐르는 만경강 물빛이 반짝반짝 빛을 내며 유유히 흘러가는 모습을 물끄러미 바라보니 이 풍경에 선생님의 시는 마치 맞춤처럼 멋지게 어울린다.

선생님의 시비에서 기념사진을 찍은 후 그 옆에 세워진 정자에 돗자리를 깔고 제자 원장이 준비해온 도시락을 펼쳐 놓으니 세상에 부러운 것이 없어지는 순간이다.

연두색 바탕에 하양 땡땡이 상보를 얌전하게 펼치고, 그 위에 진수성찬 도시락이 차려지고, 초록색 천에 노랑 꽃, 하얀 꽃, 빨간 꽃을 각각 수놓아 만든 네모난 식탁 매트 위에 숟가락과 젓가락을 가지런히 놓고 포도주까지 한 잔씩 적당히 부어 놓으니 품위와 격조가 우리를 한없이 귀하게 만들어 준다.

오손도손 나누는 덕담은 봄날의 들꽃처럼 맑고 화기애애하다.

아름다운 풍광에 취하고 스쳐 지나가는 바람에 옷깃을 여

미며 시간 가는 줄도 모르고 훗날 그리워할 또 하나의 추억을 매어 놓았다.

선생님으로부터 배운 것들을 나의 보물인 제자들에게 내림으로 실천하여 경험하게 함으로써 이 행복의 기쁨이 영원토록 이어졌으면 참 좋겠다고 숙제를 던져 본다.

무엇보다 선생님께서 오래오래 건강하시기를 기원한다.

이제 나도 환갑을 바라보고 있으니 일은 조금 줄이고 선생님과 함께 드라이브하고, 식사하고, 차 마시며 담소를 나누는 시간을 조금 더 즐겨 보고 싶다.

양지와 음지

세계가 눈 폭탄으로 몸살을 앓고 있다. 우리나라도 13년 만에 내린 최고의 눈이라고 한다.

뉴스에 의하면 제주공항은 약 9만 명의 승객이 운항 중단으로 비행기가 뜨지 못해서 발이 묶여 있다.

하염없이 내리는 함박눈을 보며 감탄의 소리를 외치고 또 외칠 때와는 달리 어느새 폭설이 근심으로 다가와 있다.

양지와 음지를 한 눈으로 보며 체험하고 깊게 느껴볼 좋은 기회이다. 온통 설국이 되어버린 세상천지에서 햇볕이 내리쬐는 양지바른 곳은 사르르 눈이 녹아서 바닥이 벌써 보이기 시작한다.

아마 몇 시간, 하루, 며칠 있으면 차가운 얼음 덩어리에서 대부분 풀려날 것이지만 극도로 그늘진 모퉁이에서는 몇 달이 지나고 봄기운이 내려와야만 눈얼음이 풀리는 곳도 있을 것이다.

이를 보면 요즘 논란이 되고 있는 금수저, 은수저, 동수저 그리고 흙수저가 떠오른다.

최근 젊은이들이 자신이 속한 계층을 가늠하는 기준을 '수저계급론'으로 비유한 말로서 우리의 가슴을 허허롭게 하는 말이다.

무시할 수도 없다. 많은 눈이 쏟아져도 양지는 어느새 차가운 눈이 사라지고 따사로운 빛이 반짝이고 있기 때문이다.

따스한 햇살을 받는 일이 얼마나 인생을 수월하게 하는지 짐작하고도 남는 부분이다.

그러나 그늘진 모퉁이의 소복이 쌓인 눈 탑에는 을씨년스럽게 어두운 침묵만 흐르고 있다.

얼음덩이에 짓눌려 온몸으로 녹여보려고 발버둥을 쳐도 땀방울까지 얼음이 되어 더 큰 무게로 덮쳐와 기진맥진하게 되는 음지가 분명히 존재한다. 몇 달 후 따스한 봄기운이 어루만져줄 때까지 기다릴 수밖에 없는 것이 음지의 처지다.

그러나 그때까지 버텨낼 수 있을지는 모를 일이다.

우리 주변에는 이렇게 혹독한 음지에서 하루하루 생명을 지키기 위하여 몸부림치고 있는 이웃들이 있다. 내가 가진 한 줄기 빛이면 금방 녹여낼 수 있을 테지만 미처 느끼지 못하고 챙기지 못하여 이 순간도 얼음 덩어리를 안고 필사적으로 씨름하고 있는 이웃 말이다.

한 10년쯤 전에 경험했던 작은 미담이 있다.

오랫동안 내 머리를 손질해 주던 미용실 직원이 개인 사정으로 미용 일을 그만두고 가정으로 들어감으로써 필요할 때는 약속하고 그 집에 가서 도움을 받던 때였다.

오랫동안 그분이 해 준 머리 스타일에 너무 익숙해져 있어서 내린 궁여지책이었다.

어느 날 아침 그 댁에 가니 집안은 아수라장이 되어 있고 울면서 하는 말이 "쌀이 없어서 며칠 수제비만 주었더니 아이들이 밥 주라고 울면서 학교와 어린이집에 갔다."고 한다.

돌보지 않는 남편과는 더 이상 살 수 없어 이혼할 거라고도 한다.

몇 마디 위로와 격려의 말을 해 보지만 위로가 될까 싶지는 않았다. 그 길로 나와서 쌀 20kg, 달걀, 닭, 돼지고기, 두부, 콩나물, 야채, 과일, 우유, 주스, 과자 등 한 15일은 먹을 수 있는 장을 골고루 보아 슈퍼 주인에게 그 댁으로 배달시키고 왔다. 얼마 되지 않아서 울면서 고마워하는 전화를 받고 그 가정의 급한 불은 끌 수 있을 것 같은 마음으로 난 온종일 뿌듯했다.

그리고 삼 일이 지난 후 걱정하는 마음을 지닌 채 그 집에 다시 갔을 때 난 깜짝 놀랐다.

금방 이혼하거나 집단 자살이라도 할 것 같았던 그 엄마의 마음이 180도로 달라져 있었다.

아니 웃으며 하는 농담은 행복하게 보이기까지 했다.

내 앞에 펼쳐지는 그 엄마의 극과 극의 모습은 오히려 작은 충격으로 다가왔다. 당장 먹을 것만 해결되어도 이렇게 편안해질 수 있다는 것을 목격하는 순간이었다.

"바로 이거야!"

큰돈을 모아서 기부하고 매스컴에 등장하는 것도 훌륭하지만 정부나 자선단체의 따스한 한 줄기 햇살마저 비껴가는 곳곳을 이웃과 친지들이 발견하여 챙기는 일이 얼마나 필요하고 중요한 일인지 깨달았던 것이다.

정말 음지에서 그 고통을 받고 있는 이가 자신이라면 어떤 눈으로 세상을 바라볼지 생각하며, 역지사지(易地思之)의 마음으로 다가가 따뜻하게 보듬어주는 일이 당연하고 자연스러운 사회를 만들어야 한다.

따뜻하고 친절한 눈길로 조건 없이 관심을 주는 친지나 이웃이 옆에 있다면 이 나라의 자살률과 범죄율은 눈에 띄게 줄어들 것이다.

양지의 금수저, 은수저, 동수저들이 감사하는 마음으로 삶의 음지에서 애타게 관심을 기다리는 그들에게 따뜻한 햇볕 나누기를 의무로 받아들이고 실천하는 사회를 기대한다.

음지에서 고통받는 사람이 온기가 가득한 사회에서 힘들더라도 용기를 얻어 세상을 헤쳐 나아가고자 하는 사회를 만들어 가자.

그림자 친구

최인숙

나 심심할까봐
나만 따라다니는 친구

나 달아날까봐
꼭 붙어있는 친구

나 돋보이라고
검은 색에 숨어있는 친구

내 친구 그림자야
항상 너랑 같이 있고 싶어

꽃비 | 53.0×45.5cm | 염색천에 채색

내 아이의 인성 얼굴은 부모 모습

하루가 멀다 하고 청소년들의 범죄 사건이 뉴스에 오른다. "10대 아들이 어머니와 이모를 살해했다." "10대 아들이 용돈 문제로 장애 아버지를 살해했다." "10대들이 집단으로 여학생을 성폭행했다." "명문 대학생들이 동료 여학생을 집단으로 성폭행했다." 등등 도저히 믿고 싶지 않은 사건들이 너무나 자주 일어난다.

부모에게서 태어날 때는 수억의 정자 중에서 1등을 한 우수하고 귀한 존재들이다. 무엇이 이들을 그토록 포악하고 사악한 범죄자로 만들었을까? 어느 교육심리학자는 청소년기의 비행은 유아기 또는 아동기 때 보인 문제행동의 연장이거나 확대일 가능성이 크다고 주장한다. 아주 어렸을 때부터의 인성교육이 중요함을 입증하는 말이다.

갈수록 복잡해져 가는 삶에서 우리 아이들이 미래사회에 능동적으로 대처하기 위해 인성교육을 더 이상 미룰 수 없다고 판단한 국가는 2015년에 '인성교육진흥법'을 제정하였다. 이를 유, 초, 중, 고등학생들에게 집중하여 교육함을 원칙으로 하고 있으나 결과에서는 그다지 효과적이지 않음을 볼 때 더 늦기 전에 가정에서의 인성교육에 초점을 맞추어야 할 것이다.

아이 인성의 발달은 부모와의 관계에서 시작한다. 아이는 부모의 거울이라고 하지 않던가! 자녀는 부모의 유전인자를 물려받고, 부모를 보고 배우며, 부모가 자신의 호불호에 따라서 만들어 놓은 환경 안에서 생활하기 때문에 부모를 그토록 많이 닮을 수밖에 없다.

어느 부모나 내 아이가 마음이 따뜻하고, 더불어 함께할 줄 알고, 기본이 바른 '품격 있는 사람'이기를 원한다. 이를 진정 성취하고 싶다면 먼저 부모 자신을 돌아보자!

'인성교육진흥법'에서 인성교육의 기본 덕목으로 제시하고 있는 영역은 유아기부터 배려, 존중, 협력, 나눔, 질서, 효를 시작으로 커가면서 그리고 어른에 이르기까지 예절, 정직, 소통, 책임의 덕목을 더 요구하고 있다.

부모로서 위의 덕목과 관련하여 생각과 말과 행동에서 바람직한 인성을 함양하고 부모 역할을 수행하고 있는지 자신의 모습을 객관적으로 바라보고 반성적으로 생각하는 데서부터 인성교육은 출발해야 한다. 자녀의 인성교육을 위해서 부모가 말하고 행동하며 자녀에게 보여주어야 할 기본덕목들을 사색해보기로 한다.

배려는 타인의 필요와 요구에 민감하게 반응하고 공감하는 것이다. 나는 친구, 가족, 이웃, 그리고 동식물을 배려하는가?

존중은 사람이나 사물은 기본적으로 그들의 존재만으로 존중할 가치가 있음을 인식하고, 그 가치에 대하여 소중히 여기는 것이다. 나는 자신과 타인, 문화, 생명, 환경 등을 소중히 여기는가?

협력은 두 명 이상의 구성원이 공동의 목표를 가지고, 이를 달성하기 위하여 개인적 책임을 다하고 서로 조언 및 조력을 주고받는 것이다. 나는 주변 사람들과 도움 주고받기, 의견 · 정보 · 자료를 공유하기, 친밀감 형성하기, 역할 완수하기를 하는가?

나눔은 자기 스스로 우러난 마음에서 남을 돕기 위해서 하는 일로, 대가를 바라지 않고 도와주는 것이다. 나는 타인과 물건 · 시간 · 에너지 · 금전의 나눔을 실천하는가?

질서는 책임감 있는 민주시민으로서 살아가기 위해 필요한 사회규범을 지키는 것이다. 나는 순서나 차례와 같은 기본질서, 교통질서와 같이 국가의 법률이나 규칙의 법질서, 사회의 집단으로서 균형을 이루는 사회질서를 잘 지키는가?

효는 자식으로서 인간 된 도리를 충실히 하는 것이다. 나는 부모, 조부모, 이웃 어른에 대하여 효를 실천하는가?

예절은 예의를 표현하는 절차와 방법을 알고 다른 사람에게 공손하고 친절한 행동을 하는 것이다. 나는 작은 일에도 감사를 표현하며, 상황에 따라서 "미안합니다." "부족했습니다." "생각이 짧았습니다." 등의 인사를 주저 없이 행하는가?

정직은 거짓이 없는 진실한 삶의 가치를 높이 평가하며, 정직한 삶을 실천하는 것이다. 나는 부끄럽지만 용기를 내어 잘못을 솔직하게 말하는가?

책임은 맡은 역할에 최선을 다하며 자신의 행위에 책임을 지는 것이 중요함을 알고 실천하는 것이다. 나는 내 일을 다른 사람에게 미루지 않고 소임을 다하려고 노력하는가?

소통은 생각이나 뜻이 서로 통하는 소통의 중요성을 알고 소통능력을 기르고 실천하는 것이다. 나는 상대의 말을 먼저 경청하고 공감하여 들어주며 내 생각과 감정을 솔직하게 말하는가?

이상의 덕목에 대하여 가장 확실한 교육방법은 아주 어렸을 때부터 부모가 말로 가르치는 것이 아니라 생활 속에서 보여주는 모델링을 기반으로 경험할 때 가장 자연스러운 행동으로 습관화된다는 것을 믿어야 한다. 그리고 역할놀이를 통하여 다른 사람의 역할을 해보며 공감해보고, 책, 드라마, 영화, 뉴스 등에서 만나는 갈등의 이슈에 대하여 토론하며 간접적으로 체험하고 깨달아가는 경험을 해보는 것도 좋을 것이다. 결국에는 우리 아이들이 바람직한 인간관계와 가치의 문제를 이해하고 도덕적 판단능력을 함양하여 바르게 생각하고 말하고 행동하도록 가정에서 교육이 이루어져야 한다.

부모라고 모든 덕목을 잘 갖추어서 바람직한 모델이 된다는 것이 어디 쉬운 일이겠는가? 그러나 부모는 인성의 문제가 내 아이 인생의 성패를 가름하는 핵심이기 때문에 평생 숙제로 알고 실현하기 위해서 의식적으로 생각하고 실천하고 반성하며 살아가야 하는 것이 운명이다. 피할 수 없다면 즐기라 했던 것처럼 노력한 만큼 품격 있는 자신과 자녀의 모습을 바라보며 헛되지 않음에 고무되어 산소를 호흡하듯이 편안하게 즐겨보자.

생일날의 행복

육십을 바라보는 생일날 한 가지 여유가 시원한 바람처럼 반갑게 나를 찾아왔다.

나를 낳아주신 친정 엄마에게 내 생일을 기념하여 감사의 인사를 드려야겠다는 생각이 처음으로 머리에 떠오른 것이다. 이 순간 내 생일날 무슨 선물을 받고 어떤 대접을 받는지는 하나도 중요하지 않다.

'어떻게 이런 생각을 떠올렸을까?', '왜 이제야 이런 생각이 났을까?'

스스로 대견하고 감사해하며 구십을 바라보는 엄마에게 무엇으로 감사의 표현을 해야 할지 가슴이 설렐 뿐이다. 이제야 생각난 이 기막힌 행사를 치를 수 있도록 엄마가 살아계신 것이 이렇게 고마울 수가 없다. 당장 생일날 찾아가면 엄마를 모시고 사는 동생 댁에 혹시 부담이 될까 봐서 며칠 후에 가야겠다고 마음먹으니 하루하루가 너무 길다.

며칠 후 엄마가 좋아하시는 떡 한 판을 맞추고 가장 탐스럽고 맛있는 과일과 쇠고기를 근사하게 포장하고 보니 세상을 참 잘 산 행복감이 밀려온다. '빨리 달려가고 싶다. 엄마에게로….'

옛날이야기로 너스레를 떨며 "엄마, 저를 낳아주셔서 참 감사해요. 덕분에 저도 사랑하는 딸과 아들을 두고 행복한 삶을 살고 있어요. 내가 가지고 있는 것을 다 주고도 또 주고 싶은 대상이 자식이던데 엄마는 다섯이나 키우시느라고 정말 고생 많으셨어요." 하니 기력이 쇠약해지신 엄마는 작은 목소리로 "고맙다!"라고 하신다.

눈물이 난다. 어느새 세월이 이렇게 가버렸나! 내 기억에 울 엄마는 생활력이 참 강하셨다.

금만평야의 대지주 아내로서 일이 많았다. 농번기 철에는 점심과 저녁을 먹으며 일하는 사람들이 하루에 70~80명씩이었던 기억이 난다. 엄마는 도와주는 아주머니와 그 많은 사람들의 간식과 식사를 해결하셨다. 나머지 시간은 잠시 쉬지도 않고 밭에 고추, 마늘, 참깨, 들깨, 호박, 시금치, 토마토, 참외 등 온갖 채소를 심어서 수확하곤 하셨다.

엄마는 평생 삶에서 자신은 없고 남편과 자식들을 위해서 사셨다.

엄마와 함께 사는 동안 다른 사람을 험담하는 말을 들어보지 못했으며, 늘 관심은 가족의 안정과 발전에 있었다. 자식들의 옳지 않은 행동은 단호히 거부하시고 야단을 치셨다. 그 여세가 지금도 남아 있어서 잘못하는 일에는 아직도 카리스마가 있다. 엄마를 보고 있으면 노년의 내 모습이 그려진다.

종종 뵈러 갈 때마다 엄마는 아들, 며느리, 손주들이 "참 잘해준다."고 칭찬을 하셔서 동생과 올케, 조카까지도 고마워하게 만드시곤 한다. 지혜로운 노년의 모습이라고 생각하면서도 늘 긍정적이셨던 성품의 자연스러운 표현으로 보기가 좋다. 자식들이 보고 싶으면 왜 안 오느냐고 불평하기 전에 "다 모여라, 내가 밥 살게!" 하시며 엄마의 자손들을 모두 한자리에 부르신다. 일 년에 몇 번은 엄마가 베풀어주시는 만찬으로 온 가족이 즐거운 시간을 보낸다. 생각해보니 엄마로부터의 배움은 끝이 없다.

내 생일날 낳아주신 엄마에게 감사한 마음을 전해야겠다고 생각하기까지 참 많은 세월이 흘렀는데 큰 딸을 결혼시키고 나서 오는 작은 여유였을 것이다.

내 딸도 옆을 돌아볼 겨를조차 없을 정도로 삶에서 치열한 시간들을 보낸 먼 훗날, 작은 여유가 생기면 나처럼 생일날 엄마에 대한 감사의 마음을 떠올릴까?

가슴이 두근거린다. 그런 날이 돌아올 수 있도록 엄마 노릇을 지혜롭게 잘 해야겠다는 마음도 다시 다져본다. 부모의 역할은 자녀의 연령이 증가함에 따라서 달라진다.

이제 막 결혼한 딸과 대학 졸업반인 아들에게 지금까지와는 또 다른 좋은 엄마의 역할을 끝까지 잘 해야겠다는 생각으로 가슴이 차오른다.

동생 댁 올케로부터 참 행복했다는 소식이 전해온다. 떡은 양이 많아서 주변 이웃들과 나누어 먹으며 기쁘고 즐거운 시간이 되었다고 하니 내 기쁨도 배가된다.

이런 감사의 행사를 내년에도 또 그다음, 다음 해에도 할 수 있기를 기대해 본다.

내 인생의 보물 제자

감사의 달 오월을 지내며 졸업한 제자들의 안부 전화와 연구실로 배달되는 카네이션 꽃바구니, 같이 익어가는 아줌마 제자들과의 작은 만찬으로 참 행복하였다.

다들 맡은 일에서 최선을 다하며 보람을 느끼고 발전하는 모습들을 전해 듣는 나는 먹지 않아도 배가 부를 만큼 만족스럽다.

밤이 깊어져도 헤어질 줄 모르고 이야기꽃을 피워내는 모습은 여전히 대학생 때의 모습 그대로다.

전문인으로서의 지식과 성숙한 인격을 갖추어서 사회에 나가도록 더 잘 가르치고 멘토로서 긍정적인 모델이 되어야겠다는 다짐도 한다.

그중에는 "교수님께서 제 스승님이셔서 너무너무 감사드려요."라는 메시지를 보내온 40대 중반이 된 제자 윤연경이 있다.

갓 스무 살이 되었을 때 사제 간으로 만났으니 벌써 적어도 20번째쯤 듣는 소중한 말이다. 유난히 내 강의에 눈이 번쩍거렸고 연구에 참여하여 실험을 도우면서 학문적으로 한 발 한 발 들어와 내 교육이론의 신봉자가 된 제자이다. 유아교육 현장에서 교사, 원감, 원장으로 승진하며 내 이론의 교육을 끊임없이 탐구하고 실천하여 자신의 전문영역을 잘 키워내고 있는 전문가다.

출판되기 시작한 16권의 이론과 실제의 책으로서, 나의 학문적 결산이라고 볼 수 있는 'STEAM Project'가 세상에 빛을 볼 수 있게 된 데에는 윤 원장의 덕이 크다.

이 책들이 나오기까지 그 많은 세월 동안 방대한 원고를 정리하고 아이디어를 보태고 때로는 나보다 교육의 효과에 더 신이 나서 감동하며 극찬함으로써 나에게 격려가 되기도 하였다. 제자라기보다는 든든한 동지이고 한결같은 인생의 동행자이다.

지나놓고 보니 몇 번이나 중간에 포기할 수도 있었건만 허리 통증으로 치료를 받아야 해서 직장의 일을 접으면서까지도 이 책들의 원고 작업만큼은 완결해 준 것에 대하여 뭐라고 표현할 수 없을 정도로 고마움을 전한다.

내가 지불한 감사비로는 그 노고에 충분치 않다고 생각함을 고백한다. 늘 생각이 반듯하며, 의로운 일에는 물불 가리지 않고 에너지와 시간을 들여 최선을 다하는 성품이 있었기에 가능한 일이었다.

이제는 제자라기보다는 가족처럼 안고 싶다. 어느 때인가 건강 문제, 두 아이 키우며 갖는 생활의 어려움 등을 하소연할 때 내가 걱정하니 "교수님, 저 아픈 손 아니에요! 걱정 마세요." 하여 내 마음이 더 시렸던 적이 있다.

인생은 누구나 기쁠 때도, 슬플 때도, 화날 때도, 고통일 때도 있는 법이니 힘들 때는 기대어라, 어깨를 내어 줄 테니.

슬플 때는 가슴으로 다가오거라, 감싸 안아 줄 테니. 기쁜 일에도 무조건 기뻐하리라.

선생은 있어도 스승이 없다고 말하는 이 시대에 스승이라고 말해 주는 제자의 이야기를 써 내려가는 내 마음은 참 행복하다.

이익이 있으면 따르고 이익이 없으면 관계도 사라지는 현 세태에 쉽게 만나고 쉽게 헤어지는 사제 간이 아니라 긴긴 세월 동안 곁에서 서로의 삶에 따뜻함을 느끼게 해주는 행복한 만남을 나는 귀히 여긴다.

마음 깊이 아끼는 제자들이 있기에 올해도 오월이 빨간 넝

굴장미만큼 아름답고 행복하다.

아직 퇴임을 하려면 몇 년은 더 남았으니, 사랑스런 앳된 제자들에게 유아교육 전문인으로서 그리고 햇볕과 같은 따스함을 이 세상 곳곳에 스미도록 하는 가슴 따뜻한 인간을 길러내는 일에 마지막 열정을 쏟아보려 한다.

나의 보물 제자, 윤연경이여! 돌아오는 여름방학에는 함께 여행하자꾸나. 오랫동안 컴퓨터 앞에서 작은 글자에 충혈된 눈도 촉촉이 피어오는 바다 안개를 바라보며 피로를 싸악 날려보자.

잔뜩 긴장하여 굳어진 양어깨도 바다 수평선의 양 끝에 닿도록 활짝 펴서 쉬게 하자. 제자 사랑하는 법을 잘 가르쳐주고 계시는 시인 박지연 은사님도 모시고 가자.

인생의 여정에서 귀한 인연으로 만나게 된 우리 3대에 엮어진 삶의 의미를 찾아 이야기보따리를 밤새 풀어보자. 은사님과 제자와 함께하는 여행이니 얼마나 아름답고 멋질까?

70대인 은사님은 무엇인가 우리에게 가르쳐 주실 것이 있으실 테니 우리는 잘 배워두자.

알을 깨고 나오는 병아리

최인숙

톡 톡
짜르르
달걀에 금이 간다.

톡 톡
흔들 흔들
달걀껍질이 떨어져 나간다.

토옥 톡
부리로 깨고
머리로 밀더니

물 젖은 병아리
파다닥 고개 들고
까만 눈을 번쩍

얼마나 보고 싶었던 세상인가!

산수유 마을 | 52×46cm | 수묵채색

3代의 아름다운 여행

'사람의 인연이란 꿈이 오가는 통로에 가볍게 울리는 응답' 이라고 언젠가 말씀하셨던 선생님의 글이 떠오른다.

내게는 긴 세월 동안 소중히 지켜온 인연 중에 중학교 때 선생님이셨고 여류시인이신 은사님이 계시며 20여 년 전에 대학에서 만난 제자 윤 원장이 있다. 늘 한 번쯤은 함께 여행이라도 가고 싶다는 마음이 간절한 터였는데 청포도가 익어가는 칠월에 1박 2일의 나들이 할 기회가 찾아왔다.

언제나 인간관계에서 가장 소중함은 더불어 살아가는 지혜로움이 있어야 한다며 '동반성장'의 개념을 가르쳐주신 은사님과, 오랫동안 나의 전문서적 시리즈물을 집필하는 데 방대한 원고를 정리하며 큰 도움을 준 윤 원장에게 감사한 마음으로 계획한 여행이다.

막상 남쪽 지방으로 여행 계획을 세우자니 기본이 되는 게 교통이었다.

여러 생각 끝에 부산이 고향이며 대학에서 재직하고 있는 마음이 따뜻한 제자 우 교수에게 부산 여행의 취지를 설명하고 안내를 부탁해보니 쾌히 받아준다. 그러곤 덧붙여 "교수님! 이렇게 전화 주셔서 너무 감사합니다. 꼭 일정 잡으셔서 오시면 존경하는 마음 담아 모시겠습니다. 뵙고 싶습니다."라는 답을 거듭 주어서 가슴이 벅차도록 고마웠다.

호텔을 예약한 후 일박하는 날짜를 알려주니 곧바로 우 교수가 계획을 세워 보내 준 1박 2일의 여행 일정은 너무나 만족스러웠다.

함께 나들이할 은사님과 윤 원장에게도 여행 일정을 알리고 나니 즐거운 기분은 서서히 달아오르기 시작하였다. 드디어 은사님을 모시고 전주를 출발하고, 경기도에서 달려온 윤 원장과 부산 고속터미널에서 합류하여 마중 나온 우 교수를 만나 우리의 3代 여행은 첫 발걸음이 되었다.

야호!

해동 용궁사를 향해 가는 동안 청마 유치환 님의 시비가 있다는 우 교수의 설명에 은사님이 덧붙여 아름다운 청마와 정운의 '사랑하였으므로 행복하였네라'의 이야기가 시작되었다.

문학 이야기는 우리의 여행에 멋과 흥을 돋우기에 충분하였다. 우리는 청마(靑馬) 유치환 시인이 정운 이영도 시인에게 보낸 20년간의 편지를 책으로 펴낸 러브스토리에 한동안 푹 빠져들었다.

이들의 아름다운 사랑 이야기는 나이 든 세대와 젊은 세대에 차이가 있었다.

60대인 나는 이루어지지 못한 애달픈 사랑을 안타까워하였고 40대의 젊은 제자는 다른 여인을 사랑하는 남편을 바라보아야 하는 아내를 오버랩하여 속상해하기도 하여 한바탕 웃음을 날리기도 하였다. 들떠 있는 우리를 가라앉힌 곳은 해동 용궁사인데 흔히 보던 전통적인 건축양식과는 다르게 고풍스러우면서도 이색적인 절 모습이 바다 풍경과 잘 어우러져 아름다운 매력에 푹 빠지게 하였다.

당장이라도 승천할 것 같은 용틀임에 관음대불 외에도 크고 작은 많은 불상들이 곳곳에 있어서 진심을 다해 기도하면 한 가지 소원은 꼭 이루어진다는 전설이 맞을 것 같은 느낌이다.

드넓은 바다가 보이는 송정해수욕장의 멋진 카페에서 망고빙수와 시원한 과일주스를 마시며 은사님의 문학 이야기는 2탄으로 접어든다.

어느 신문에서 읽으셨다는 '삶의 작은 돌멩이'는 우리 삶에서 소소한 이야기이었지만 마음을 다스리기에는 소중한 지침서이기도 하였다.

'모든 지킬 만한 것 중에 더욱 네 마음을 지켜라. 생명의 근원이 여기에서 나온다'라는 잠언 4장 23절의 이야기도 좋은 비유이셨다.

널리 알려진 도종환 시인의 '흔들리지 않고 피는 꽃이 어디 있으랴'라는 시구도 함께 읊어보기도 하면서 마음속으로 인내와 끈기로 향기로운 꽃을 피워내겠다는 다짐도 해 본다.

금강산도 식후경이라 부산의 유명한 대도 식당에서 먹은 한우구이는 맛이 훌륭하여 모두 대만족이었다.

서로 식사비를 내겠다고 즐거운 실랑이를 하다가 우 교수가 기회를 가졌고 식당 앞 광안대교와 마린시티의 야경을 바라보는 순간 마치 외국에 와 있는 것처럼 웅장함과 휘황찬란함에 감탄사가 나왔다. 반짝이는 가로등 길을 따라서 광안대교를 드라이브하며 아름다운 밤을 맞이한다.

우리는 숙소인 파크 하얏트 호텔로 자리를 옮겨 우 교수가 기억해 낸 대학 시절 MT에서 일어났던 에피소드와 큰 세미나를 준비하고 발표하며 뿌듯했던 일 등을 꼬리에 꼬리를 물고 즐거운 과거로 돌아가는 행복감에 젖기도 하였다.

은사님이 집필하신 수필집을 제자들에게 전달하고, 고마

운 우 교수를 위해 준비한 선물과 최근에 출간한 전문서적들을 전달하는 증정식도 있었으니 우리 모두는 기쁘고 화기애애하다.

다음 날 오륙도의 풍광을 즐긴 후에 망망대해를 바라보며 은사님의 손을 꼭 잡고서 더듬더듬 바다 위를 걸어보는 맛도 재미있었다.

언덕 위에 자리한 하얀 집, '풀내음'에서 한정식으로 넉넉한 점심을 먹고 은사님은 행운을 가져다준다는 팔찌를 벗어 막내 제자인 윤 원장에게 건네며 행운을 빌어주니 이 또한 생각지 못한 아름다운 모습이다.

또다시 서로 식사비를 내겠다고 즐거운 실랑이를 한 끝에 재빠른 윤 원장이 기회를 차지했지만 결국엔 은사님의 고집을 꺾지 못했다.

어느덧 헤어질 때 우 교수는 부산의 전통 셈베를 준비하여 고마운 추억으로 만들어주었다.

어디 이뿐이랴. 각기 되돌아가는 길에 사진을 찍었던 윤 원장으로부터 부산 여행의 동영상이 카톡으로 왔다.

음악 크러쉬의 'Beautiful'을 삽입하여 한 편의 영화처럼 엮어서 보낸 선물은 큰 감동이다.

3代의 여행은 이렇게 내 역사의 한 페이지의 획을 긋는 추

억이었다.

이 글을 쓰면서 눈을 감으니 파란 바다가 보이고 고마우신 은사님과 사랑스러운 우 교수, 윤 원장이 아롱거린다.

"감사합니다", "고마웠어."

나는 몇 번이고 글을 쓰다 말고 그 님들에게 인사를 건네고 있다.

손자, 손녀 교육

옛날 전통 사회의 명문가에서는 격대교육(隔代教育)이라고 해서 할아버지는 손자, 할머니는 손녀를 맡아 잠자리를 함께 하면서 교육했다고 한다.

아이에 대한 부모의 교육에 더하여 할머니 할아버지가 보조 역할을 하면 훨씬 시너지 효과가 있으리라고 생각한다.

일반적으로 아이를 둔 젊은 부모는 육체적 · 정신적으로 과중한 업무에 시달리고 있다.

마음은 바쁘고, 자녀에 대한 기대는 높고, 욕심이 앞서니 자녀의 생각과 요구를 경청하며 차분히 기다려주지 못하고 부정적인 감정을 쉽게 나타내거나 심지어 때리기도 한다.

그러면 아이는 의기소침해지거나 화를 억누르며 부모에 대한 부정적인 감정을 누적하게 되고 심하면 초등학교에 들어가기 전부터 말대꾸하고 짜증 내는 행동을 습관적으로 하다가 고학년이 되면 대화는 끊어지고 결국 부모–자녀 관계 및 교육에 큰 손상을 입게 된다.

그러나 지혜와 경륜을 갖춘 젊은 할머니 할아버지는 긴 인생을 오롯이 경험했기 때문에 어떻게 사는 것이 현명한지 혜안을 가지고 있다.

무엇보다 시간적으로 느긋하고 삶에서 산전수전 다 겪으며 그렇게 아옹다옹 살 필요가 없다는 것을 깨달아서 안달복달하지도 않을 것이며, 아직은 건강하고 자녀들이 독립하기 때문에 경제적으로 여유도 있다.

손자, 손녀의 생각과 요구를 차분히 들어주며 인정하고, 존중하고, 기다려주면서 아이의 생각을 확장시켜 도전해보도록 하는 방법으로 교육을 보조하는 전략은 손자, 손녀의 발전과 인성 교육에 참으로 긍정적인 역할을 하게 될 것이다.

젊은 할머니들이 모이는 곳에 가면 빠지지 않고 나오는 화젯거리가 손자, 손녀 돌보기이다.

목소리 큰 할머니일수록 절대로 손자든 손녀든 돌보는 일은 하지 않겠다고 한다.

그 이유를 물으면 남은 인생을 의미 있게 살기 위해서란다.

의미 있는 인생을 위해서 어떻게 살기를 원하느냐고 되물으면 대부분은 맘껏 친구들도 만나고 여행도 하면서 살고 싶다고 말한다.

그것이 인생에서 손자, 손녀를 훌륭하게 키우는 일을 돕는 것보다 더 큰 의미가 있을까?

일 년 내내 여행하고 놀기만 할 것은 아니기 때문에 시간 활용 계획을 잘 세우면 두 마리 토끼를 잡는 쾌거를 누릴 수 있다고 본다.

필자가 꿈꾸는 손자, 손녀교육의 내용과 방법은 여러 가지이다.

지속적이고 시간을 요하는 영역으로서 바쁜 부모보다는 여유 있는 할머니가 도울 수 있는 일 중에서 찾아보려 한다.

아주 어렸을 때부터 아이의 소소한 이야기를 경청하며 공감해줌으로써 자신의 생각을 천천히 조리 있게 표현하는 능력을 길러주고 싶다. 대화가 이어지도록 하기 위해서 아이들 연령에 맞는 문화를 이해하려고 노력할 것이다.

초등학교 때 좋은 책을 많이 읽으며 책에 맛 들이도록 독서교육에 관심을 기울이겠다. 책 읽기와 용돈을 연결하여 아이들이 책을 많이 읽을수록 용돈이 불어나는 만족 경험으로 시작해서 궁극적으로는 책 읽기의 의미가 용돈 문제가 아니라 자신의 정보력에 도움이 됨을 터득하게 함으로써 자연스럽게 독서를 생활화하게 만들고 싶은 것이다.

책 읽기에는 반드시 철학 고전 서적을 포함할 것이며 중요한 구문은 기록하도록 할 것이다.

친구 관계, 책, 영화, 드라마, 문화 체험, 뉴스 등을 공유한 후 일방적으로 가르치려 하지 않고 아이의 생각을 충분히 들으며 대화를 나눔으로써 긍정적인 가치관을 형성하고 합리적으로 판단하는 능력을 기르는 데 도움이 되고 싶다.

방학 때마다 스스로 의미 있는 계획을 세워서 프로젝트로 진행할 수 있도록 활동비를 제공함으로써 계획 세우기, 실행하기, 평가하기, 다시 계획 세우기로 이어지는 경험을 통하여 문제해결력을 키워서 자신의 인생을 주도적으로 이끌어 나아가도록 돕고 싶다.

친구들과의 생활, 책 읽은 소감, 여행의 이모저모, 문화 활동 체험기, 프로젝트의 진행 과정 등과 연계하여 글쓰기를 자연스럽게 실천하도록 함으로써 글쓰기 능력을 키우는 데 도움이 되고 싶다.

아이가 쓴 글은 길든 짧든, 잘 썼든 못 썼든 존중하여 어느 정도 모아지면 책으로 엮어줄 것이다.

어느 날 손자, 손녀 교육에 대한 나의 계획을 아들에게 진지하게 들려주었더니 아들이 하는 말, “애들이 할머니를 더 좋아하겠네요!"라고 한다.

이 할머니는 엄마였을 때 충분히 실행하지 못했던 그런 교육을 손자, 손녀에게 실천하는 날이 오기를 고대한다. 첫 번째 대상은 현재 15개월인 외손녀가 될 것인데 벌써 가슴이 설렌다.

11월, 색으로 전하는 말

한 해가 저물어 가는 끝자락에 서서 찬바람을 맞으며 옷깃을 세우고 먼 산을 바라본다.

지난 봄부터 지켜 보아오던 멀리 보이는 산에서 나무들이 제각각 색깔을 내놓기 시작했다.

이른 봄에 어린 싹을 틔워 연둣빛 희망을 주던 나무들이, 여름이 되어 점점 초록, 진초록으로 우거질 때에는 나무마다 구분이 되지 않던 먼 산에서 이제 나무들이 "이게 나야!" 하며 색으로 자신을 드러내고 있다.

어떤 나무는 붉은 빛깔로, 다른 나무는 노란빛으로, 또 주황빛, 연노랑으로….

마치 오케스트라의 향연을 펼치는 듯 화려함이 장관이다.

그냥 한 덩어리의 푸른 산으로 똑같아 보였는데, 그게 아니었던 모양이다.

나무들은 점점 본연의 모습을 아낌없이 다 드러낸다.

말은 없지만 전하는 메시지는 참으로 절절하고 강렬하다.

먼 산에서 일어나는 한 해의 과정을 보고 있노라니 우리의 일생을 보는 듯하여서 가슴이 뭉클하다.

미당 서정주 시 '국화 옆에서'의 구절이 생각난다.

한 송이 국화꽃을 피우기 위해
봄부터 소쩍새는
그렇게 울었나 보다
한 송이 국화꽃을 피우기 위해
천둥은 먹구름 속에서
또 그렇게 울었나 보다

말없이 자기의 몫을 해내기 위하여 모진 비바람과 칠흑 같은 어둠, 찬 서리를 이겨내며 고통의 세월을 잘 참고 오늘을 맞았을 터이다.

가까이 가서 만져보니 푸석푸석 영양분은 다 내어주고 색깔만 삶의 향기로 남아있다.

이파리마다 검버섯처럼 거뭇거뭇한 생채기들을 안고 있음

을 보니 얼마나 어려운 세월을 힘들게 견디었는지 짐작이 가고도 남는다.

마치 중년을 지낸 사람의 모습을 반추하듯 숱한 고독, 아픔, 슬픔, 기쁨, 인내 그리고 사랑으로 녹여내어 만들어진 모습이기에 더 당당하고 아름답다.

전체를 놓고 보니 작은 상처는 보이지 않고 아름다운 자태가 완전하고 존경스럽다.

이제 미련 없이 후루루 휘몰아치는 삭풍에 놀라지도 않으며 미소를 머금은 채 잘 키운 몸통만 남겨 놓고 낙엽으로 초연히 사라질 것이다.

다음 세대를 위하여 겨울의 하얀 눈이불 속에서 발효되어 마지막 남은 한 잎까지 거름으로 다 내어 줄 것이다.

이것이 자연의 섭리이다.

내 인생 11월에는 어떤 색깔과 어떤 모습으로 드러낼 것인가?

인간의 삶도 넓은 의미에서 보면 자연의 섭리에 속한다.

이미 인고의 세월을 인내하는 삶의 가치를 자연에서 잘 배웠으니 날마다 어떻게 살아야 하는지 알아차릴 수 있다.

어떤 고통과 아픔, 슬픔도 슬기롭게 극복한 후 세월이 지나고 다시 보면 다 귀하고 아름답다.

인생 11월의 아름다운 색은 하루아침에 만들어진 것이 아니라 생활 속에서 하루하루를 지혜와 인내로 가꾸어 스스로 만들어 낸 빛깔이다.

자신의 고귀한 색깔을 드러낸 인생의 11월을 보내고 나면, 나머지 삶은 덤이 될 터이니 감사의 마음을 담아서 젊은이들의 성장을 도우며 행복할 것이다.

피부색이 다른 내 친구

최인숙

내가 슬퍼하면
친구도 슬프고

내가 화나면
친구도 화가 난대요.

내가 기뻐하면
친구도 기쁘고

내가 우울하면
친구도 우울하대요.

우리는
피부색은 달라도
서로 통하는 짱 친구랍니다.

가을산 | 53×45.5cm | 수묵채색

특별한 여행

오래전부터 나의 트렌드 머리를 손질해 주고 있는 미용실 원장님이 머리하며 들려준 아름다운 여행 이야기가 잔잔한 감동으로 가슴에 남아 그 미담을 소개하고자 한다.

찬바람 사이로 따스한 햇살이 지나가는 일요일 오후에 전화벨이 울려 받아보니 고등학교 친구인 순이다.

순이는 나와 함께 어디론가 여행을 떠나고 싶다고 한다.

그것도 당장 다음 주 화요일과 수요일에 말이다.

매일 단골손님들을 맞이하며 일을 하는 나로서는 갑자기 당황스러운 말이 아닐 수 없었다.

그러나 결혼도 하지 않고 혼자서 꽃농장을 운영하며 살다가 회갑 나이에 난소암 4기말로 투병생활을 하고 있는 친구,

순이의 청은 다르다는 생각이 금세 들었다.

생각해 보겠다는 말을 남기고 남편에게 순이의 청을 말하니, 여학교 때부터 순이를 알고 있었던 남편은 "만일 일 때문에 아픈 친구의 청을 거절한다면 두고두고 후회할 일이 될 거야."라는 말로 용기를 주어서 난 바로 여행을 수락했다.

여학교 친구와 여행을 간다 하니 가슴은 설레고, '어디로 여행을 갈까? 무엇을 준비할까? 어떻게 갈까?' 갑자기 머리는 분주해진다.

순이와 의논한 끝에 따뜻한 바다와 섬이 있는 여수를 향하여 또 다른 여학교 친구와 함께 셋이서 떠나는데 운전은 나의 남편이 해 주기로 하였다.

우선 순이가 항암치료의 부작용으로 머리가 다 빠져버렸기 때문에 가발을 준비하고, 화장품도 챙긴다.

머리카락이라고는 찾아볼 수 없는 민머리에 가볍고 품위를 더해 주는 가발을 씌우고 화사하게 화장을 해 놓으니 순이에게는 여전히 소녀 적 수줍은 미소가 살아 있고 환하게 밝아진 얼굴이 참 곱다.

야호! 전주에서 출발하여 바람을 가르며 고속도로를 달리는 승용차도 기뻐서 춤을 추는 듯 '후르르' 흔들린다.

차 안의 재잘거림은 여학교 때부터의 에피소드들이 한 편의 파노라마로 끝없이 엮어지며 함께 달린다.

순이에게 좀 더 운치 있는 풍광을 보여주려고 고즈넉한 농로로 가며 앞에서 오던 큰 차를 비키려다가 그만 바퀴가 도랑에 빠져서 지체되는 바람에 돌산대교의 케이블카 타는 시간은 저녁이 되었다.

일행은 아래가 다 보이는 크리스털 케이블카를 타고 휘황찬란한 여수의 밤바다를 제대로 구경할 수 있게 되어 오히려 늦어진 것이 감사하다고 좋아한다.

하늘이 닿아 있는 먼 바다에서는 수많은 불빛이 별처럼 반짝이며 고기잡이배와 여객선의 움직임이 바쁘다.

'저 생명력 있는 불빛들이 몰려와 순이의 암 덩어리를 빛으로 남김없이 다 태워버리면 얼마나 좋을까?' 하는 생각을 잠시 해 본다.

여수에 도착하자 미리 전화로 알고 있던 또 한 친구가 남편과 함께 기다리고 있다.

우리를 환영하는 마음을 온전히 담아서 아이처럼 환호하는 그 모습은 우리의 가슴을 더 부풀게 한다.

친구 내외가 안내하여 푸짐한 연포탕으로 저녁식사를 대접받은 일행은 알프스 산장같이 예쁜 펜션에서 짐을 풀었다.

소녀 시절 수학여행 온 것처럼 옛날이야기로 시간 가는 줄 모르고 밤새 즐겁다.

따뜻한 곳에 누워서 우리 이야기에 맞장구치며 즐거워하는 순이를 바라보다가 순간 나도 모르게 '퍕' 하고 울음을 터트릴 뻔 했다.

순이가 아무런 문제없이 여행하던 소녀 적 즐거움에 푹 젖어 있기를 기도하는 마음으로 조심스러웠기 때문에 눈물을 보이는 것은 절대 안 되는 일이다.

이튿날 보성 녹차밭을 보며 차를 마시고, 벌교에서 꼬막정식으로 점심을 한 후 꼬막이랑 굴도 한 꾸러미 사서 챙기고 여수 친구 내외의 아쉬운 배웅을 뒤로한 채, 부슬부슬 내리는 빗속을 가르며 우리들이 탄 차는 다시 전주를 향한다.

순이에게는 힘이 들었을 여행이어서 혹시 더 아프면 어쩌나 걱정이 되어 전화해보니 더 아프지 않고 충분히 기분 전환이 되었으며 참 행복했다고 말한다. .

우리도 참으로 의미 있고 멋진, 순이와 함께 한 겨울 여행을 기억하며 조금씩 조금씩 아껴서 이 행복을 오래오래 맛볼 것이다.

의미 있는 삶이 무엇인지 배울 수 있는 한 편의 드라마다.

원고를 마친 후 먼 산을 한참 동안 바라보며 이 훈훈해지는 마음이 가슴의 한 언저리에 잘 새겨지길 기도해 본다.

인생의 갈무리를 바라보며

인터넷 뉴스에서 전 미국 대통령 지미 카터가 암 선고를 받고 시한부 투병에 들어간다는 글을 읽었다.

환한 얼굴로 인터뷰하는 모습을 바라보니 내 가슴에 한 줄기 신선한 바람이 스치며 옛날 생각이 떠오른다.

오래전 피아노 학원을 운영하며 가깝게 지내던 30대 중반의 지인이 한동안 소식이 없어서 전화를 해보니 이미 해제되어 연락이 되지 않았다. 이상히 여기고 여러 사람에게 수소문하여 소식을 알게 되었다.

유방암으로 투병 중인데 초라한 자신의 모습을 보이고 싶지 않다는 이유로 단짝 친구조차 만나기를 거부하여 아무도 병문안을 가지 못하고 있다는 소식이었다.

꼭 찾아보고 싶었지만 끝내 이루지 못하고 그로부터 약 6개월 후에 그 지인이 세상을 떠나 영면에 들어갔다는 소식을 접하고 몇 날 며칠 동안 우울했었다.

'얼마나 무서웠을까?', '얼마나 쓸쓸했을까?', '얼마나 힘들었을까?', '얼마나 아팠을까?'.

생각할수록 가슴이 쓰려왔다.

진실로 위로하고 도움이 되기를 원하지만 상대방이 거부함으로써 아무것도 할 수 없는 안타까움을 경험하며 새로운 사실을 깨닫게 되었다. 생을 마감하는 행사를 어떤 방법으로 치러야 하는지 깊이 있게 구체적으로 생각하는 계기가 된 것이다.

생이 끝나가고 있음을 느낄 때 초라하지만 담담한 모습으로 가족, 친지, 친구, 지인들과 작별인사를 나누며 의미 있는 메시지를 주고받으면 얼마나 멋질까?

함께했던 가까운 사람들의 따뜻한 위로와 사랑을 받으며 감사를 느끼고, 주는 이는 나눔의 기쁨을 느끼게 하여 아름다운 추억 하나 더 얹으면 잠시라도 서로 행복할 텐데 왜 거부하는 것일까?

안타까움이 말할 수 없이 크게 밀려옴을 느끼며 죽음을 거부하지 않고 담담히 맞이하여 숨을 다하는 순간까지 진실된 모습으로 함께해야겠다고 생각했었다.

'어떻게 살면 그럴 수 있을까?' 하는 것이 하나의 숙제로 다가왔다.

그러던 중 『모리와 함께한 화요일』이라는 책을 만나고 엄지 손가락을 치켜세우면서 '바로 이런 거야!'라며 보물을 찾아낸 듯 감동했다.

모리의 제자 미치가 기자로서 사회심리학 교수였던 모리와 매주 화요일 날 만나 임종 때까지 14회에 걸쳐서 주고받았던 인생의 진솔한 내용을 글로 쓴 책이다.

모리는 루게릭이라는 불치병으로 투병하면서도 자신의 모든 것을 남에게 주고 가려 하고, 끝까지 위엄 있고, 용기 있고, 유머러스하며 침착한 모습이었다.

타인을 배려하는 마음을 가진 모리의 모습 속에서 사랑을 나눠주는 법과 사랑을 받아들이는 법을 귀한 유산처럼 배울 수 있었다. 모리는 단순하고 꾸밈없이 투명하여 오히려 눈부시고 아름다운 모습을 각인시키며 생의 참의미를 우리에게 가르쳐주었다.

그 후에는 코미디언 이주일의 마지막 가는 길에서 생명이 다할 때까지 금연운동을 하는 모습을 보고 초라한 죽음이 아니라 빛나는 죽음임을 알 수 있었다.

폐암 투병 중에 금연 명예교사, 범국민금연운동추진위원회 공동대표로 활동하며 자신이 고통스럽게 죽어가는 모습을 고

스란히 공개함으로써 국민들에게 금연의 중요성을 일깨워 준 것이 참으로 감동스런 일이었다.

이번에는 지미 카터의 모습에서 또 하나의 귀감을 만난다. 카터 전 대통령은 시한부 암 선고를 받은 사람으로서 기자회견하는 자리에서 "사람의 생명은 신(神)의 손에 달려있고, 나는 오는 것을 위해 준비할 뿐이다. 어떤 일이 일어나도 나는 마음이 편안하다. 멋진 삶을 살았기 때문이다."라고 말했다.

또한 "나는 모든 것이 준비된 상태로 새로운 모험을 기대한다."라고까지 말하며 환한 미소를 지었다고 한다.

며칠 후엔 카터 자신이 다니는 교회에서 변함없이 성경공부교실을 열고 강의를 하였으며 자신의 건강 상황이 허락하는 한 이어가겠다는 소식이 들려온다.

대통령직을 마친 후 세계를 무대로 민주주의 전파와 질병퇴치에 기여해 수많은 생명을 구함으로써 더 존경을 받고 있는 카터의 인생 갈무리가 기대된다.

이토록 여유 있고 용기 있는 모습으로 생을 마감하며 감동의 메시지를 선물한 모리, 이주일, 카터의 모습을 보며 인생을 어떻게 마무리해야 하는지 또 배운다.

신호등

최인숙

하루 종일
우뚝 서서 말해요

건너기 전 꼭
봐 달라고

빨간 불은 언제나
안 돼, 안 돼
손 저으며 멈추라 하고

초록불은 언제나
뛰지 말고 천천히 오라고
생긋생긋 웃으며 손짓해요

그런데
궁금해요

내가 잠들면
신호등도 잠을 잘까요?

소나무 | 53×45cm | 염색천에 채색

제3부 성장에 힘이 되는 믿음

부모가 믿는 만큼 성장하는 자녀

누군가 사람을 믿고 신뢰하면 내 마음은 지극히 안정적이고 평화롭다. 반대로 누군가 사람을 믿지 못하고 신뢰할 수 없으면 매우 불안하고 불편하다. 하물며 누군가가 내 아이라면 신뢰와 불신의 차이는 아름답고 따뜻한 동굴 밖의 모습과 캄캄하고 암울한 동굴 안의 다른 모습과 같을 것이다. 긴긴 세월 아이와 함께 살아가는 동안 나는 어느 길을 택하여 나아갈 것인지 신중을 다하여 결심해야 한다.

내 아이는 누구인가?
내 아이는 어디서 왔는가?
진정 내가 낳았으니 내 것인가?

우리 인간의 주인은 주님이시다. 내 아이가 나와 배우자를 통해서 세상에 나왔지만 주님이 주신 은총의 선물이고 주님께서 당신의 자녀를 잘 키우라고 우리 부부에게 맡겨주셨다고 생각한다. 내 아이의 미래를 부모인 나만이 걱정하는 게 아님을 받아들일 수 있는 이유이다. 주님께서 당신 자녀의 미래를 우리 부부보다 더 챙기고 계심을 믿어야 한다. 다만 주님께서 원하시는 이 아이의 미래가 무엇인지 늘 기도하며 주님의 뜻을 알아차리려고 노력하는 일이 요구된다.

여기서의 믿음은 내가 주님을 믿는 마음같이 주님이 내 아이의 미래를 이끌어가고 계신다는 믿음, 내 아이가 주님이 맡기신 은총의 선물이라는 믿음, 아이 스스로 바람직하게 성장하는 귀한 존재라는 믿음을 바탕으로 아이를 존중하며 주님 보시기에 아름다운 방법으로 최선을 다하여 아이를 양육하고 교육할 때 아이의 미래는 가장 행복하고 주님으로부터 받은 소임을 다한 것이 되리라 생각한다.

아이를 믿음으로 존중하는 태도에 대하여 한 예를 들어보고자 한다.

오래전 석사 공부할 때 상담이론의 대가이며, 장로님이셨던 서울대학교 박○수 교수님께서 "자녀는 부모가 믿는 만큼 된다."고 말씀하신 메시지가 지금도 생생하다.

초등학생인 자녀가 엄마 지갑에서 돈을 가져가는 일이 생겼다. 훔쳐가는 장면을 직접 보지는 않았지만 전후 사정상 아들이 가져갔음을 확신하는 일이다. 아니, 훔치는 장면을 목격했어도 마찬가지이다. 보통 부모는 버릇을 고치겠다고 아이에게 벌을 주고 야단을 치며 훈육하기 쉬운 상황이다. 물론 이러한 훈육으로 훔치는 버릇이 잡히기도 한다. 그러나 다른 이면이 있을 수 있음도 간과해서는 안 된다. 아이가 커서 문제를 일으킬 씨앗은 여기서부터 싹트기 때문이다. 훈육으로만 일관하면 아이는 오로지 들키지 않겠다는 일념으로 완전범죄 방안을 연구하여 훔치는 수법이 점점 진화할 수 있다는 것이다. "바늘 도둑이 소도둑이 된다."라는 속담처럼 말이다. 박 교수님의 주장은 이때 부모가 생각을 바꾸어서 아이가 돈을 훔친 것이 아니라 예수님(또는 자신이 믿는 종교적 절대자)이 가져가셨다고 생각해보자는 것이었다. 아마도 돈을 훔쳐갔다고 생각하기보다는 '예수님이 급하게 쓰실 데가 있으셨구나!' '그 돈으로 충분하실까?'라는 시각으로 볼 것이다. 그럼 예수님께 뭐라고 말하겠는가. 아마도 "예수님, 돈을 급하게 쓰실 데가 있으셨군요? 그 정도로 되시겠어요? 더 필요하시면 더 드릴게요."라고 말했을 것이다.

이와 같은 믿음을 가지고 내 아이를 바라보자는 것이다. 내 아이의 생각과 요구를 대화하여 존중하면 내 아이가 몰래 부모 지갑에서 돈을 훔쳐야 할 이유가 있을까? 아마도 돈을 훔치는 일의 필요성을 모르기 때문에 절대로 큰 도둑이 되지 않을 뿐 아니라 다른 사람을 존중하고 대화로 소통하여 갈등의 문제를 야기하지 않는 사람으로 성장할 것이다. 무조건 부모의 판단만으로 아이의 욕구를 무시하고 아이의 생각을 존중하지 않아서 생기는 문제가 아닌지 숙고해보자는 것이다.

믿음의 행동은 이렇게 큰 차이 나는 결과를 가져온다. 그렇다고 아이의 모든 욕구를 다 들어주어야 한다는 것이 아니다. 다 들어줄 수도 없는 것이 현실이다. 위의 예처럼 부정적인 사건만이 아니라 내 아이가 추구하는 일들을 긍정적인 눈으로 바라보고, 부모의 욕구와 달라도 아이의 욕구를 인정하고 존중하는 자세로 격려하며 진솔하게 다가가는 자세가 중요하다. 또한 부모가 자신을 신뢰하고 있음을 아이가 믿는 것이 중요하다. 아이는 부모가 믿는 행동을 하여 보여주고, 그런 인물이 되고 싶어 할 것이니 말이다.

믿음이라는 고리로 나와 주님을 결속시켜주는 것처럼 내 아이가 주님이 주신 은총의 선물임을 깨달아 내 아이도 함께 결속되어 있음을 믿고자 한다. 난들 내 마음대로 되던가? 내 아이가 내 마음대로 되던가? 이것은 나와 내 아이와 다른 삼자, 즉 주님이 결속되어 있는 증거일 것이다.

아이가 성장하면서 선택하고 결정해야 할 일들이 얼마나 많은가? 그때마다 부모가 어떤 결정이 가장 옳은 것인지 잘 알지 못하면서 잘 아는 것처럼 일방적으로 밀어붙이면 아이는 그 길(결정)을 원치 않아서 방황하고 고통스러워하며 시간을 허비하는 일이 있다. 그때는 부모로서 최선의 선택이라고 믿었지만 지나고 보면 매우 무모하고 무책임한 일이었음을 느끼게 된다.

내 아이를 주님 앞에 믿음으로 겸손하게 맡겨 드리고 주님의 아이를 내가 키우고 있다고 생각하면 아이는 주님이 보시기에 기뻐할 사람으로 잘 키워내야 하는 대상이 되어 아이를 먼저 생각하고 존중하는 일이 조금은 더 쉬워질 것이다. 주님에 대한 믿음처럼 아이의 미래를 주님이 인도하심을 믿으면 주님이 원하시는 그 길을 알기 위해서 기도를 하고 주님은 깨달음으로 인도하시고 결국은 부모와 자녀가 평화롭게 살 수 있는 용기와 힘이 되는 것이 믿음이다. 이러한 과정은 자녀를 키우면서 부모가 함께 성장할 수밖에 없는 확실한 길이다.

'부모인 나보다 주님이 이 아이를 더 사랑하신다.'라는 믿음과 '부모로부터 신뢰받는 만큼 성장하려고 노력하는 귀한 존재'라는 믿음으로 양육할 때 아이는 자유인으로서 크게 성장하고 행복할 것이다.

"하느님의 약속에 따라 행동하려는 마음을 갖고 그분의 축복의 증거를 보게 되면, 믿음이 자라고 점점 더 강해지게 됩니다."

(데살로니가 둘째 1:3)

누가 잡초라 했는가!

연구실에는 화분에 키우는 선인장, 다육식물, 화초 등의 식물이 몇 개 있다. 어떤 식물은 매일 물을 주고, 어떤 식물은 가끔 준다.

어느 날 선인장 화분 모퉁이에서 연두색 새싹이 뾰족이 올라오는 것이 보인다. 어디서 풀씨가 날아와 싹을 틔웠을까? 하도 신기하여 자주 물을 주며 무심코 정성을 쏟아 애정을 주었다. 점점 한 잎, 두 잎 자랄수록 이게 뭘까? 궁금하기도 하고, 이걸 뽑아내야 하나 고민도 하며 하루하루 시간이 흘러간다. 긴 연휴로 여러 날을 비우게 되어 며칠이 지난 후 연구실에 가서 화분을 보고는 깜짝 놀랐다. 며칠 사이에 작은 풀밭처럼 군락을 이루어 자신의 모습을 분명히 드러내고 있는 것이다. 자세히 바라보며 얼굴에 미소가 절로 지어지는 것이 어느

새 이 알 수 없는 식물을 마음으로 환영하고 있었다.

그런데 연구실을 방문한 여러 사람이 이 식물을 잡초라고 하며 뽑아내야 한다고 권한다. 그때마다 '이렇게 잘 크고 있는 식물을 어떻게 뽑아 낼 수 있어!'라고 마음속으로 되뇌이곤 하였다. 그 화분의 주식물인 선인장보다 더 빨리 자라며 다양한 표정과 표현이 있음에 또 한 번 놀란다. 토끼풀 같지만 크기가 훨씬 작은 초록색 이파리에 드문드문 맑은 흰 꽃을 피워낸다. 아침에는 작은 하트 모양의 세 잎을 날개 접듯이 오므렸다가 햇빛이 환히 비추면 날개를 펴듯 세 잎이 반듯한 모습으로 꼿꼿하고 싱싱하다. 무언가 자신을 표현하여 관심을 끌어보려는 듯 애쓰며 피워내는 작고 맑은 흰 꽃의 자태는 순수를 온몸으로 느끼게 하며 자꾸만 내 눈길을 가져가더니 하루면 몇 번씩 대화하고 사랑을 듬뿍 받는 꽃으로 자리매김한다. 누가 이렇게 사랑스럽고 아름다운 이 식물을 잡초라 했는가!

급기야 잡초란 무엇이며, 사람들이 잡초라고 부르는 이 식물의 이름이 무엇인지 좀 더 자세히 알아보려고 인터넷을 검색해본다. 한참을 이리저리 뒤적인 끝에 잡초는 주로 산과 들판에 알아서 번식하는 잡다한 풀로서 농작물과 비교했을 때 그 가치가 모자라는 식물을 말한다고 한다. 한마디로 잡초는 정원사나 농부와 같은 직업인에 의해서 구분된 식물 집단인 것이다.

그 식물의 이름은 '애기괭이밥'이었다. 나에게 있어서 '애기괭이밥'은 이미 잡초가 아니다. 오히려 어떤 화초보다도 사랑을 가장 많이 받고 있는 연구실 가족이 되어 있었다.

미국의 시인 랠프 월도 에머슨이 잡초는 '그 가치가 아직 발견되지 않은 식물들'이라고 말했듯이 가치는 사람에 따라서 다르게 평가할 수 있는 것이다. 잡초는 언제든지 누구에게서나 숨은 가치를 발견하여 높은 평가를 받을 수 있는 여지가 항상 있음을 이해하게 되었다.

문득 온전히 귀하게 느껴지는 이 '애기괭이밥'을 향한 마음에서 하느님이 인간을 바라보는 마음도 그럴 것이라는 생각을 하였다. 땅에서는 사람들이 보잘것없는 인간으로 분류하고 평가하지만 하느님이 보시기에는 똑같이 귀하거나 아니면 오히려 상급일 수 있다는 것 말이다.

그러니 다른 사람과 비교하여 자신을 저평가할 필요도 없고, 자존감을 지키며 인간으로서의 아름다운 생각과 말과 행동을 실행하며 담대하게 사는 것이 중요하다.

하늘을 찌르듯 뻗어 있는 삼목, 원줄기와 곁가지들이 구별없이 함께 어우러져 있는 관목, 화초, 작은 풀에 이르기까지 다양한 식물들이 있지만 지금 나는 그 무엇보다 잡초라고 부르는 '애기괭이밥'에 의하여 이렇게 큰 기쁨과 행복을 누리고 있지 않는가! 인적 없는 산 속에 홀로 당당히 피어서 귀한 자태로 지나가는 이에게 감동과 기쁨을 주는 진달래가 삼목보다 못하다고 말할 자 누가 있겠는가! 삼목은 삼목대로, 관목은 관목대로, 화초는 화초대로, 풀꽃은 풀꽃대로 귀하고 아름다운 존재이듯이 인간도 누구 할 것 없이 모두 귀한 존재이다.

자신이 가지고 있는 역량을 최선을 다하여 의미 있게 사용하며 정의와 따뜻한 마음을 겸손하게 드리울 때 인간으로서의 귀하고 아름다움은 극대화된다.

만일 애기괭이밥이 "나는 왜 삼나무처럼 키가 크지 않으냐?"라고 투정하고, 삼나무가 "나도 앉아서 지나가는 개미와 놀고 싶은데 왜 안 되는가?"라고 한탄하며, 작은 풀꽃이 "나는 왜 사람들의 눈에 잘 띄도록 꽃을 크고 화려하게 피우지 못하는가?"라고 불만을 품고서 자신만이 가지고 있는 강점을 도외시하고 자신에게 없는 것만 부러워하며 찾으려 한다면 그의 생은 얼마나 고달프고 낭비하고 의미를 상실하겠는가.

인간 사회에도 대부분의 사람들이 성공했다고 우러러보는 위치에서 생활하는 사람부터 보잘것없는 일을 하고 있다고 저평가받는 사람에 이르기까지 셀 수 없이 그 부류가 다양하다. 그러나 어느 위치에 있는 것이 대수가 아니라 자존감 있는 모습으로 진솔하고 귀하게 행동하며 사는 것이 중요하다. 진정한 자유인으로서 말이다.

잡초가 자신이 가장 잘 보여줄 수 있는 강점을 잘 드러내어서 누군가에게 감동을 주고 귀하게 인정받듯이 사람마다 자신의 강점을 발견하여 잘 갈고닦아서 겸손하고 따뜻하게 드러내며 산다면 이 세상은 참으로 따뜻하고 살맛 나는 세상이 될 것이다. 함께 그런 행복한 세상 만들어 사람답게 살아보지 않으시렵니까?

주님의 뜻

2014년 겨울 한 해가 저물어 갈 무렵 딸, 율리안나가 결혼을 했다. 딸은 미국 일리노이 대학교에서 박사 공부를 하고 있기에 '결혼이 늦어지면 어쩌나?' '공부하다 혼기를 놓치면 어쩌나?' 걱정하던 터라 결혼의 축복은 말로 표현할 수 없을 만큼 주님께 감사했다. 결혼을 하고 나니 나이 31살인 딸이 이젠 아이 갖는 일에 때를 놓치면 안 되겠다 싶어서 몇 달 신혼기를 보낸 후 딸과 함께 계획을 세우기 시작했다. 여름방학 때 출산을 하려면 9~10월 중에 임신을 해야 한다. 때를 잘 맞추고 건강한 아이를 만들며 임산부도 건강하게 견디려면 한약을 먹어두는 게 좋겠다고 생각하였다. 그러던 중 때마침 어느 한의사님의 글을 보고 한방병원에 전화하여 진지하게 상담을 하였다. 친절하게도 국제전화로 딸과 통화하여 4단계 한약을 복용하기로 결정하였다. 임신환경을 잘 만들어서, 아기씨를 맞이하고 건강하게 키워서, 행복한 만남이 되기를 소망하며 8월 딸아이 후배가 미국으로 들어가는 편에 약을 지어서 보내기로 하였다. '내년 여름방학 때 출산을 하면 내가 가서 2개월 이상 돌봐줄 수 있으니 얼마나 좋은 일인가?' 하는 생각으로 가슴이 뿌듯하고 우리가 세운 계획은 완벽했다.

드디어 이번 주 일요일은 딸 후배가 미국으로 들어가는 날이다. 목요일 아침 집을 나오며 '출근하면 바로 한방병원에 전화하고 약값을 송금해야지?' 하고 마음먹는다. 그토록 무더웠던 여름 날씨가 비가 올 양 컴컴한 것이 스산하기까지 한 아침이다. "슬그머니 애들이 보고 싶네요?" 하니 남편이 "나도!" 한다. 잠시 신호등에서 차가 멈춰 있는 동안 재빨리 "슬그머니 애들이 보고 싶네요? 하니 아빠가 나도! 하신다."라는 메시지를 딸, 아들과 소통하는 가족채팅방에 올린다. 금방 딸이 "뭘 잘못 먹었는지 며칠 속이 안 좋아서 죽 끓이고 있어요." 한다. '아니! 젊은 아이가 아무리 속이 안 좋아도 소화제 먹으면 금방 나아질 텐데 며칠이나 속이 안 좋았다고?' 하는 생각이 머리를 스친다. 또다시 카톡으로 "혹시 임신 아닐까?" 하니 "그럴 리 없어요. 아닐 거예요. 임신이면 이런 증상이 6주 후에나 나온다는데 그건 아닌 거 같아요." 한다. "바로 테스트해보고 결과를 나에게 알려줘, 약 지을 전화 오늘 해야 하거든."

한 시간쯤 지났을 때 딸에게서 전화가 왔다. "엄마, 테스트기로 해보니 임신으로 나와요." "어머나! 축하한다. 주님의 축복이요, 은총이니 감사하게 받아라." 하며 축하의 인사를 건넨다.

"사람이 마음으로 자기의 길을 계획할지라도 그 걸음을 인도하는 자는 여호와시니라."(잠언 16:9)

잠시 흥분된 가슴을 진정시키고 기도를 한다. "주님, 그토록 야무지게 전략적으로 계획을 세웠는데 주님의 계획은 달랐군요? 주님의 뜻을 감사히 받습니다." 사실 임신환경을 좋게 만들고 싶었고, 출산도 방학이기를 많이 원했기 때문에 아쉬운 마음이 없지 않았지만 주님의 뜻이라 판단하여 무조건 감사한 마음으로 받아들인다. 주님은 다른 계획으로 우리가 낭패(약을 지어 보내지만 먹지 못하고 버려야 할 일) 보지 않게 하시려고 그 아침 송금하기 직전에 절묘하게 알려주셨다. 참으로 오묘하고 전지전능하신 주님이시다. 결국 한방병원에 전화하여 4단계 약 대신 입덧을 완화시키고 임신부에게 도움이 되는 약으로 지어서 보냈다.

우리는 생활 속에서 철저하게 계획을 세우지만 자신이 원하고 노력했던 일과는 정반대의 다른 방향으로 일이 진행되는 경우를 많이 경험한다. 그럴 때마다 '인생은 내 뜻대로 되는 게 아니야!'를 되뇌곤 한다. 우리를 위한 주님의 계획은 상상할 수 없을 만큼 완벽하게 준비되어 있는 듯하다. 때로는 긍정적으로, 때로는 부정적으로 우리가 세운 계획이 틀어진다. 그러나 당신께 영광 되는 삶을 살 수 있도록 섭리하시는 주님의 뜻은 언제나 의미가 있음을 믿는다. 예수님이 고난받다 죽임을 당하고 부활하신 것도 주님의 뜻이 아니었던가? 표면적인 현상에 집착하고 원망하기보다는 우리가 알 수 없는 그만한 최선의 이유를 주님이 행사하고 있음을 믿는 것이 중요하다. 살다 보면 우연히 일어난 일 같지만 "아하!" 하고 오래 전에 일어난 일, 또는 풀리지 않아 고민하고 있던 일의 의문에 대한 실마리가 되어 마치 한 조각의 미완의 퍼즐이 맞춰지는 듯 깜짝 놀랄 때가 얼마나 많은가!

우리가 미리 걱정할 것이 무엇이랴! 주님의 목적은 끝에 가서 우리를 구원하시기 위하여 그렇게 하심일 것이니 주님의 뜻을 구하며 행하는 사람은 어떠한 수고와 고통도 헛되지 않을 것이다. 주님은 당신의 계획대로 우리를 인도하시고 우리는 순명하며 최선을 다하여 주님 보시기에 아름다운 모습으로 삶을 사는 것이 우리가 해야 할 일임을 믿는다.

신앙의 강건한 힘

우리나라는 OECD 국가 중 이혼율이 급격히 높아지고 있다.

본인은 지방에 있는 K시의 법원에서 미성년자의 자녀를 둔 이혼 신청자들에게 매월 1회씩 부모교육과 상담을 하는 봉사 활동을 몇 년째 하고 있다. 매달 약 10쌍 남짓은 기본이고 명절 후에는 더 많은 부부들을 만나게 된다. 이들은 모두가 결혼서약을 하고 사랑을 바탕으로 희망을 품고서 결혼을 시작했던 사람들이다. 부부가 창조해낸 자녀가 소중하지 않을 리 없지만 각기 다른 이유로 혼인을 파하기로 마음먹은 사람들이다. 어려운 상황을 다른 사람은 어떻게 극복하는지, 극복하는 힘은 어디서 오는지 한 삶을 통하여 배우고자 한다.

여기에 결혼의 의미를 성실하게 지킴으로써 만인에게 감동을 준 로버트슨 매킬킨(Robertson McQuilkin)이 있다. 로버트슨 매킬킨은 1949년 아내 뮤리엘과 결혼하고, 1968년 미국 사우스 캐롤라이나에 있는 컬럼비아대학교 총장으로 부임하여 왕성하게 활동하던 1980년대 초반에 아내가 알츠하이머병에 걸린 것을 알고 아내와 함께 있기 위하여 바로 22년간 키워 온 대학에 사표를 낸다. 대학의 총장직에서 물러나며 병든 아내를 돌보는 것의 중요함을 역설한 감동적인 연설 속으로 들어가 본다.

"나는 아내를 돌보는 것이 대학 총장을 역임하는 것보다 중요합니다. 내 생애 중요한 사안마다 쉬운 결정은 없었습니다. 그러나 오늘 결정은 가장 확실하고 쉬운 결정입니다. 오늘 결심은 저의 상황이 그럴 수밖에 없기 때문입니다. 제 아내 뮤리엘은 지난 몇 개월 동안 저와 함께 있으면 기쁘고 함께 있지 못하면 기쁘지 않습니다. 심지어 덫에 걸린 사람처럼 매우 두려워합니다. 저를 찾지 못하면 큰 공포에 빠집니다. 분노를 억제하지 못하는 심각한 상황입니다. 그러나 제가 있으면 기쁘고 만족합니다. 이젠 아내와 24시간 있어야 합니다. 결혼식에서 저는 약속했습니다. 건강하거나 병들거나 항상 지켜주겠다고. 약속을 지키는 남자가 되려 합니다. 일전에 한 말이 있습니다. 여러분 앞에서인지 모르나 공개적으로 이야기했습니다. 제 아내는 저를 위해 40년간 저의 오늘이 있도록 희생했기에 이제 제가 아내를 위해 40년을 돌보아도 그 빚을 다 갚지는 못할 것입니다. 그러나 더 중요한 건 아내를 돌봄은 의무가 아니라 특권이란 것입니다. 저는 아내를 깊이 사랑합니다. 목이 메어 말이 잘 나오지 않지만 아내와 함께 있는 것이 즐겁습니다. 아내를 돌봄은 큰 영광입니다. 저에게 아내는 더없이 훌륭한 사람입니다."

결국 아내 뮤리엘은 2003년 9월 숨을 거두고 말았다. 매킬킨은 55년의 결혼생활 기간 중 25년을 아내의 병간호를 하며 함께했던 것이다. 어떻게 25년을 그렇게 할 수 있느냐고 물은 한 기자에게 매킬킨은 "결혼하는 날 서약했던 것을 지켰을 뿐이며, 사실은 자기에게 아내가 꼭 있어야 할 사람이었다."라고 말했다 한다.

이후 매킬킨은 25년간 병든 아내를 돌보면서 깨달은 것들을 "서약을 지킨 사랑"이란 솔직하고 담백하게 그려낸 자전적 에세이로 세상에 내놓았다.

무엇이 매킬킨을 이토록 자유로운 인간, 멋진 인간으로 살아갈 수 있게 만들었을까? 매킬킨의 성장과정을 보면 신앙과 밀접하게 연관되어 있음을 알 수 있다. 매킬킨은 신실한 기독교 가정에서 태어나 신앙을 키우며 자랐으며 아내 뮤리엘과 함께 일본에서 12년간 선교 사역을 했고, 그 후 미국으로 돌아가 사우스캐롤라이나에 소재한 Columbia International University(Columbia Bible College and Seminary가 전신)의 총장으로 재직했다. 이를 볼 때 매킬킨 삶의 바탕에는 마음속에 뿌리를 잘 내린 신앙의 힘이 돈독하게 깔려 있음을 짐작하게 된다. 어떻게 인간의 약함이 강함을 만들어 내는지, 희생을 무릅쓰고 다른 사람을 섬기며 자유인으로 빛을 내는지, 어렵고 고통스러운 환경에서도 서약을 지키면서 기쁨을 누리는지에 대하여 깊이 있는 신앙을 배울 수 있는 한 편의 서사시이다. 욕심을 버리고 마음을 비움으로써 큰 행복을 차지하는 비법의 근원을 보는 듯하다. 신앙의 힘은 참으로 강건하고 위대하다.

결혼식을 한 사람이면 거의 누구나 주례와 많은 축하객 앞에서 "아플 때나 건강할 때나 기쁠 때나 슬플 때나…… 죽음이 우리를 갈라놓을 때까지" 돌보겠다고 서약하였다. 지금은 장롱 깊숙한 곳 어디에 있는지 생각도 안 나는 '혼인서약서'를 찾아서 다시 읽어보고 진정 그렇게 살고 있는지 반성적으로 숙고해보자. 어느 형편, 어느 상황에 있든지 신앙심으로 다시 용기를 내어 결혼식에서 서약하고 다짐한 그 내용을 실천하도록 하자.

"그런즉 이제 둘이 아니요 한 몸이니 그러므로 하나님이
짝지어 주신 것을 사람이 나누지 못할지니라."(마19:6)

바퀴 생각

최인숙

바퀴는
바퀴는
굴러가는 바퀴는
내 신발에 붙고 싶대요.

걷다가
다리 아파하면
이고 굴러가려고요.

바퀴는
바퀴는
굴러가는 바퀴는
내 가방에 붙고 싶대요.

메고 가다가
어깨 아파하면
굴려서 따라가려고요.

풀꽃 | 53.0×45.5cm | 염색천에 채색

참고문헌

교육부(2015). 인성교육진흥법.
http://www.law.go.kr/%EB%B2%95%EB%A0%B9/%EC%9D%B8%EC%84%B1%EA%B5%90%EC%9C%A1%EC%A7%84%ED%9D%A5%EB%B2%95/(13004,20150120)

단편영화(2017). 다른 한 짝. http://blog.daum.net/kei7420/12381003

이시형(2013). 아이의 자기조절력. 지식채널.

최인숙(2017). 부모와 교사역할의 역량강화를 위한 부모교육. 교육과학사.

Gardner, H. (1983). Frames of mind: The theory of multiple intelligences. New York: Basic Book. Selected by five book clubs. British Edition, W. Heinemann.

McQuilkin, R. 저, 양혜원 역(2011). 서약을 지킨 사랑. 복있는사람.

Mitch Albom 저, 공경희 역(2010). 모리와 함께한 화요일. 살림출판사.

Torrance, E. P. (1962). Guiding Creative talent. New Delhi: Prentice Hall Inc.

| 지은이 소개 | **최 인 숙**

- 현재 호원대학교 유아교육과 교수
- 중앙대학교 대학원 유아교육전공(박사)
- 숙명여자대학교 대학원 아동심리전공(석사)
- P. E. T. 강사
- E. P. 강사
- 동시 작가
- 저서: 유아발달심리(공저)
  아동발달심리(공저)
  유아과학교육
  유아과학교육 탐구보고서
  유아 음률악기 만들기(공저)
  훈련중심 부모역할교육
  과학주제중심 다중지능 통합교육
  Steam Project(총론)
  Steam Project: 병아리 편
  부모와 교사역할의 역량강화를 위한 부모교육

- 역서: 유아를 위한 물리과학놀이

자녀와 함께 성장하는 부모

2018년 6월 30일 1판 1쇄 발행
2018년 11월 30일 1판 2쇄 발행

지은이 : 최 인 숙
펴낸이 : 한 정 주
펴낸곳 : 교육과학사

경기도 파주시 광인사길 71
전화:(031) 955-6956~8 팩스:(031) 955-6037
Home-page: www.kyoyookbook.co.kr / E-mail: kyoyook@chol.com
등록: 1970년 5월 18일 제2-73호

정가 12,000원

ISBN 978-89-254-1289-4

Printed in Korea.

– 본 책은 호원대학교 교내 학술 연구 조성비에 의하여 저술되었음 –